Köstliche Sommerküche

Peter Bührer

Mit Fotos von Rainer Hofmann

Südwest

Zeitlose Eleganz und die Liebe zum Detail …

… führen zur leichten, klaren Form: eine Einladung zum Genießen.

Inhalt

Antipasti

Salate

Suppen & Sandwiches

Pasta

Fisch & Krustentiere

Fleisch & Geflügel

Gemüse

Dessert

Zu den klassischen Sommerfreuden zählen frische Früchte.

Ideal für heiße Tage: gebratener Fisch auf einem Gemüsebett.

Antipasti

Die Natur deckt im Sommer den Tisch mit einer immensen Vielfalt und Pracht. Und schon bei den Entrees scheinen der Fantasie und den Zutaten in der Küche kaum Grenzen gesetzt zu sein. Nicht nur Tortilla mit gerösteten Paprika und Pecorino, Ricottaröllchen mit Walnüssen und Schnittlauch oder ein Knoblauch-Focaccia mit Ziegenkäse und Oliven legen davon Zeugnis ab. Farbenfroh präsentieren sich auch Gerichte wie gebackene Küchlein mit Ziegenkäse und Basilikum, ein kaltes Auberginengemüse mit Oliven und Pinienkernen oder Quesadillas mit Hummer und Mango-Mojo.

Sonnengereifte Oliven, die das Knoblauch-Focaccia mit Ziegenkäse schmücken.

Pfannkuchen mit Krevetten und Frühlingszwiebeln

Zutaten

Für 6 Personen

100 g Frühlingszwiebeln
2 EL Olivenöl extra vergine
250 g kleine Shrimps
90 g Mehl
60 g Kichererbsenmehl (in Bioläden erhältlich)
1/2 TL Backpulver
Salz, frisch gemahlener schwarzer Pfeffer
3 EL gehackte Petersilie
etwas Paprikapulver edelsüß
Öl zum Frittieren

1 Die Frühlingszwiebeln putzen und in feine Ringe schneiden. 2 Esslöffel Olivenöl bei schwacher Hitze erwärmen. Die Frühlingszwiebeln 3 Minuten zugedeckt darin weich garen und anschließend etwas abkühlen lassen.

2 Die Shrimps schälen und fein hacken. Mehl, Kichererbsenmehl, Backpulver, 1/2 Teelöffel Salz und etwas Pfeffer vermischen. Frühlingszwiebeln, Petersilie, Paprikapulver, Shrimps und 1/4 Liter kaltes Wasser dazugeben und alles gut vermengen. Den Teig 1 bis 2 Stunden ruhen lassen.

3 Eine große Kasserolle 1/2 Zentimeter hoch mit dem Öl füllen und bei starker Hitze heiß werden lassen. 2 Esslöffel Teig hineingeben und zu einem 10 Zentimeter großen Pfannkuchen verstreichen. Den Pfannkuchen auf jeder Seite etwa 2 Minuten goldbraun backen und anschließend auf Küchenpapier abtropfen lassen. Aus dem Teig 18 Pfannkuchen herstellen und sofort servieren.

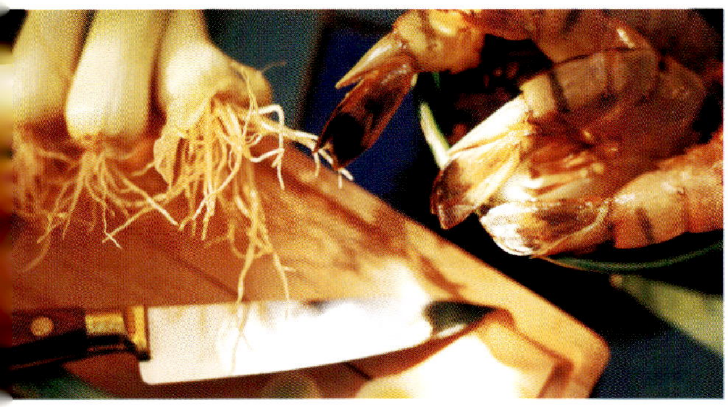

Auberginenkroketten

Zutaten

Für 4 Personen

500 g Auberginen
Salz
4 Scheiben altbackenes Brot ohne Rinde
3 Knoblauchzehen
1/2 Bund Petersilie
50 g geriebener Pecorino oder Parmesan
frisch gemahlener schwarzer Pfeffer
1 Ei, Mehl und Paniermehl zum Wenden
Öl zum Frittieren

1 Den Backofen auf 150 °C (Gas Stufe 1) vorheizen. Die Auberginen schälen, grob zerkleinern, in kochendem Salzwasser weich garen und anschließend gut abtropfen lassen, im Backofen 15 Minuten ausdünsten lassen.

2 Das Brot etwas zerpflücken, die Knoblauchzehen abziehen, die gewaschenen Petersilienblätter hacken und alles mit den Auberginenstücken pürieren. Den geriebenen Parmesan unterheben. (In Kalabrien verwendet man gerne Pecorino, Parmesan ist allerdings weniger streng im Geschmack). Das Püree mit Salz und Pfeffer würzen und mindestens 1 Stunde in den Kühlschrank stellen.

3 Die Eier aufschlagen. Aus dem Auberginenpüree kleine Kroketten formen. Die Kroketten erst im Mehl, dann im Ei und zum Schluss im Paniermehl wälzen und im heißen Öl frittieren. Dazu reicht man eine sämige Tomatensauce.

Tortilla mit glasierten Zwiebeln

1 Die Zwiebeln abziehen und fein würfeln. 80 Milliliter Olivenöl in einer Pfanne erhitzen, die Zwiebeln hineingeben und zugedeckt bei mittlerer Hitze dünsten, ohne umzurühren.

2 Nach 15 Minuten durchrühren und weitere 1 1/4 Stunden zugedeckt unter gelegentlichem Wenden garen, bis die Zwiebelwürfel sehr weich und goldbraun sind. Die Pfanne vom Herd nehmen, abseihen und die Zwiebeln 10 Minuten abkühlen lassen.

3 Die Eier verquirlen und mit Salz und Pfeffer würzen. Die Zwiebeln dazugeben und 15 Minuten ruhen lassen.

4 Das restliche Öl in einer beschichteten Pfanne mit 25 Zentimeter Durchmesser stark erhitzen. Die Eier-Zwiebel-Mischung in die Pfanne gießen und bei schwacher bis mittlerer Hitze insgesamt 10 bis 15 Minuten garen. Die Ränder dabei immer wieder mit einem Pfannenwender anheben.

5 Sobald die Eiermasse nahezu fest ist, wenden und auf der anderen Seite fertig garen. Sie sollte allerdings innen noch etwas weich sein.

6 Das Omelett wie einen Kuchen aufschneiden und heiß oder lauwarm servieren.

Zutaten

Für 6 Personen

1 1/2 kg Zwiebeln
100 ml Olivenöl extra vergine
8 Eier
Salz, frisch gemahlener schwarzer Pfeffer

Extratipp

Sie können das Omelett auch schon am Vortag zubereiten und über Nacht in den Kühlschrank stellen. Nehmen Sie es dann rechtzeitig vor dem Servieren heraus, damit es sich auf Zimmertemperatur erwärmen kann.

Tortilla mit gerösteten Paprika und Pecorino

Zutaten

Für 6 Personen

1 rote Paprika
1 gelbe Paprika
1 grüne Paprika
2 Knoblauchzehen

3 EL Olivenöl extra vergine
2 TL Balsamico-Essig
1/4 TL frischer Oregano
Salz, frisch gemahlener schwarzer Pfeffer
8 Eier
3 EL Milch
4 EL geriebener Pecorino oder Parmesan
2 EL frisch gehackte Petersilie
etwas frischer Oregano

1 Die Paprikaschoten vierteln, entkernen und mit der Hautseite nach oben auf ein Backblech legen. Unter einem Backofengrill rösten, bis die Schale dunkel wird und Blasen wirft. Die Schoten herausnehmen, in einen Plastikbeutel verpacken oder in Alufolie wickeln und 15 Minuten ruhen lassen.

2 Den Knoblauch abziehen und fein würfeln. Die Schale der Paprikaschoten mit den Fingern abziehen und das Fleisch in feine Streifen schneiden.

3 Mit Knoblauch, 1 Esslöffel Olivenöl, Essig und Oregano vermischen und mit Salz und Pfeffer würzen. Die Paprikaschoten etwa 1/2 Stunde ziehen lassen.

4 Die Eier mit Milch, Käse und Petersilie schaumig schlagen. Die Paprikastreifen mit der Marinade dazugeben, alles gründlich durchmischen und nochmals mit Salz und Pfeffer abschmecken.

5 Den Backofen auf 200 °C (Gas Stufe 3–4) vorheizen. Das restliche Öl bei starker Hitze in einer beschichteten, feuerfesten Pfanne von 25 Zentimeter Durchmesser erhitzen. Die Eiermischung hineingießen und 7 bis 8 Minuten bei mittlerer Hitze garen, bis die Eiermasse am Boden gestockt, oben aber noch flüssig ist. Die Ränder von Zeit zu Zeit anheben, damit das flüssige Ei nach unten laufen kann.

6 Die Pfanne in den Ofen stellen und das Omelett 6 bis 7 Minuten backen, bis es fest und goldbraun ist.

7 Das Omelett aus dem Ofen nehmen und mit einem Pfannenwender vom Boden lösen. Die Pfanne mit einem Teller zudecken, umdrehen und das Omelett auf den Teller stürzen. Wie einen Kuchen aufschneiden und heiß oder lauwarm mit frischem Oregano garniert servieren.

Muscheln im Chardonnay-Sud

Zutaten

Für 4 bis 6 Personen

2 kg Miesmuscheln mit Schalen
1 Zitrone
2 Knoblauchzehen
4 EL Olivenöl extra vergine
4 EL Rotweinessig
150 ml Chardonnay
100 ml Fischfond
1 TL Paprikapulver edelsüß
1 TL Rosenpaprika
2 EL frisch gehackte Petersilie
Salz

1 Die Muscheln unter fließend kaltem Wasser abbürsten, von den Bärten befreien.

2 Die Zitrone schälen, das Fruchtfleisch grob würfeln. Den Knoblauch abziehen und fein würfeln.

3 Öl, Essig, Weißwein und Fischfond in einen großen Kochtopf gießen. Paprika, Zitronenstücke, Knoblauch und Petersilie dazugeben und mit Salz würzen. Einmal aufkochen und dann 1 Minute bei schwacher Hitze ziehen lassen. Die Muscheln in den Topf geben, abdecken und 3 bis 4 Minuten kochen, bis sich die Schalen geöffnet haben.

4 Die Muscheln mit der Kochflüssigkeit in eine tiefe Schale geben; ungeöffnete Exemplare dabei aussortieren und wegwerfen. Bei Zimmertemperatur abkühlen lassen und vor dem Servieren 2 bis 4 Stunden in den Kühlschrank stellen.

Ricottaröllchen mit Walnüssen und Schnittlauch

Zutaten

Für 6 Personen

200 g Ricotta
2 Eigelb
25 g Walnusshälften
50 g Emmentaler
abgeriebene Schale von
1 unbehandelten Zitrone
1/4 TL frisch geriebene Muskatnuss
1/2 TL gemahlener Zimt
2 EL Schnittlauchröllchen
Salz, frisch gemahlener schwarzer Pfeffer
12 Platten Filo-Teig
1 EL Erdnuss- oder Pflanzenöl

1 Den Backofen auf 225 °C (Gas Stufe 4–5) vorheizen. Den Ricotta und die Eigelbe in einer Schüssel mit einer Gabel zerdrücken. Die Nüsse grob hacken, den Emmentaler reiben und mit dem Ricotta vermischen. Zitronenschale, Muskat, Zimt und Schnittlauchröllchen hinzufügen. Mit Salz und Pfeffer würzen und gründlich vermengen.

2 Jedes Teigblatt an der breiten Stirnseite mit etwas Käsecreme füllen. Die Seiten einschlagen und zum spitzen Ende hin aufrollen, so dass Zylinder von 4 Zentimeter Länge entstehen.

3 Ein Backblech dünn mit Öl bestreichen und die Röllchen mit genügendem Abstand darauf verteilen. Den Teig mit dem restlichen Öl bepinseln, die Röllchen in 18 bis 20 Minuten goldbraun und knusprig backen und noch heiß servieren.

Hähnchenflügel mit Erdnuss-Tamarinden-Sauce

1 Das Kurkumapulver mit 1/2 Teelöffel Salz vermischen, die Hähnchenflügel damit einreiben und 1/2 Stunde bei Zimmertemperatur ruhen lassen, damit sie das Aroma der Gewürze annehmen. Die Chilischoten in eine Schüssel geben, mit kochendem Wasser übergießen und 15 Minuten weichen lassen.

2 In der Zwischenzeit das Tamarindenmark mit 2 Esslöffeln Wasser in einer kleinen Schüssel mit den Fingern zerreiben und mit einem Kochlöffel durch ein feines Sieb in eine zweite Schüssel streichen. Den Tamarindensaft zur Seite stellen, das Mark wegwerfen.

3 Die Erdnüsse in einer Küchenmaschine fein mahlen. Die Chilischoten abgießen, mit den Kernen grob hacken und pürieren. Die Galantwurzel schälen. Die äußeren Häutchen des Zitronengrases entfernen und den Stängel in feine Ringe schneiden. Die Zwiebeln abziehen und würfeln. Galant, Zitronengras und Zwiebeln in einer Küchenmaschine zerkleinern.

4 Danach 7 Esslöffel Öl im Wok oder in einer Pfanne erhitzen und nacheinander jeweils 4 bis 6 Hähnchenflügel darin knusprig braten, abtropfen lassen und warm halten.

5 Während die letzten Hähnchenflügel garen, das Chilipüree 30 Sekunden unter Rühren in 3 Esslöffeln Öl bei mittlerer Hitze anbraten. Die Galantmischung zugeben und alles weitere 30 Sekunden braten. Den Tamarindensaft, 2 Esslöffel Wasser, Erdnüsse und Honig hinzufügen und aufkochen lassen. Die Wärmezufuhr verringern, 2 bis 3 Minuten kochen lassen und mit Salz abschmecken.

6 Die Sauce zum Dippen auf vier Schälchen verteilen, das Fleisch separat reichen.

Zutaten

Für 4 Personen

1 TL gemahlene Kurkuma
Salz
16 Hähnchenflügel
8 g getrocknete rote Chilischoten
1 EL Tamarindenmark
150 g geröstete Erdnusskerne
1 Stück (6 mm) Galantwurzel
1 Stängel Zitronengras
4 rote Zwiebeln
10 EL Sonnenblumenöl
3 EL Honig

Knoblauch-Focaccia mit Ziegenkäse und Oliven

Zutaten

Für 6 Personen

1 Päckchen (7 g) Trockenhefe
30 g Vollkornweizenmehl
9 EL Olivenöl extra vergine
400 g Weizenmehl
3/4 TL Salz

1 Für den Teig die Hefe in einer Schüssel mit 4 Esslöffeln lauwarmem Wasser und dem Vollkornweizenmehl vermischen. 10 Minuten gehen lassen. 3 Esslöffel Olivenöl, Mehl, Salz und 100 Milliliter Wasser dazugeben und gründlich vermengen.

5 Knoblauchzehen
Salz, frisch gemahlener Pfeffer
200 g gemischte Oliven ohne Kern
100 g Ziegenkäse

2 Den Teig auf einer bemehlten Arbeitsfläche 10 Minuten kneten. In eine Schüssel legen, mit etwas Öl bestreichen und zugedeckt 1 Stunde bei Zimmertemperatur gehen lassen.

3 Den Backofen auf 230 °C (Gas Stufe 5) vorheizen. Backblech mit Mehl bestäuben und auf der untersten Schiene im Backofen heiß werden lassen.

4 Die Knoblauchzehen abziehen und 4 Zehen in hauchdünne Scheibchen schneiden. Den Teig halbieren und auf der bemehlten Arbeitsfläche zu zwei 20 Zentimeter großen und 1 Zentimeter dicken Fladen ausrollen. Die Knoblauchscheibchen auf den Teig streuen und etwas hineindrücken. Die Fladen auf das heiße Backblech gleiten lassen, in 8 bis 10 Minuten goldbraun und knusprig backen und anschließend auf einem Kuchengitter auskühlen lassen.

5 Den restlichen Knoblauch fein hacken. Das restliche Öl mit gehacktem Knoblauch, Salz und Pfeffer verrühren. Klein geschnittene Oliven und zerbröckelten Ziegenkäse mit der Vinaigrette anmachen und bei Zimmertemperatur durchziehen lassen.

6 Die Fladen mit der Olivenmischung bestreuen und 1 bis 2 Minuten unter den Backofengrill schieben, bis sich eine goldbraune Kruste gebildet hat.

Geflügelkroketten

Zutaten

Für 4 Personen

2 Hähnchenbrustfilets (etwa 150 g)
1 EL Olivenöl
Salz, weißer Pfeffer
1 Knoblauchzehe
2 EL Butter
2 EL Mehl und Mehl zum Panieren
1/4 l Milch
Saft 1/2 Zitrone
frisch geriebene Muskatnuss
3 Eier
1/2 Bund Thymian
1/2 Bund Petersilie
200 g Paniermehl
Öl zum Ausbacken

1 Die Hähnchenbrustfilets in dem Olivenöl bei mittlerer Hitze etwa 10 Minuten leicht knusprig braten, salzen und pfeffern. Den Knoblauch abziehen und gleichmäßig über das Fleisch pressen. Die Hähnchenbrust danach gut abkühlen lassen.

2 Die Butter in einem Topf zerlassen, 2 Esslöffel Mehl einstreuen und goldgelb werden lassen. Die Milch langsam dazugießen, dabei ständig mit einem Schneebesen rühren, damit keine Klümpchen entstehen. Die Sauce in etwa 3 Minuten sämig einkochen lassen.

3 Das Fleisch fein zerhacken und unter die Sauce rühren. Mit Salz, Pfeffer, Zitronensaft und Muskat kräftig würzen. Die Masse abgekühlt für etwa 30 Minuten in den Kühlschrank stellen.

4 Aus der Masse mit bemehlten Händen 16 Kroketten formen. Die Eier in einem Teller mit der Hälfte der gehackten Kräuter verquirlen, jeweils Mehl und Paniermehl mit der anderen Hälfte vermengen und auf zwei weitere Teller geben. Die Kroketten erst in Mehl, dann in Ei und Paniermehl wälzen.

5 In einer Pfanne mit hohem Rand Öl erhitzen und die Kroketten portionsweise in 3 bis 4 Minuten darin goldgelb ausbacken. Auf Küchenpapier abtropfen lassen. Heiß oder auch kalt servieren.

Variante
Alternativ kann man auch Schinken, Stockfisch oder Lammfleisch verwenden.

Feta mit gerösteten Tomaten

1 Den Käse in 4 gleich große Stücke zerteilen. Die Knoblauchzehen abziehen, in feine Scheiben schneiden, mit Öl, Rosmarin, Thymian und Lorbeerblättern vermischen, über den Käse geben und 2 bis 3 Tage kühl marinieren.

2 Den Backofen auf 250 °C (Gas Stufe 6) vorheizen. Die Hälfte der Kräuter in einem flachen Bräter verteilen. Die Stielansätze der Tomaten herausschneiden und die Tomaten halbieren. Die Tomatenhälften mit der Schnittfläche nach oben in den Bräter setzen und mit 1/4 Teelöffel Salz, etwas frisch gemahlenem Pfeffer und den restlichen Kräutern bestreuen. 15 Minuten rösten, die Temperatur auf 150 °C (Gas Stufe 1) verringern und die Tomaten 2 Stunden garen; abkühlen lassen.

3 Je 2 oder 3 Tomatenhälften mit einer Scheibe Käse auf Tellern anrichten und mit der Marinade (ohne die Kräuter) beträufeln. Mit etwas Pfeffer bestreuen und mit knusprigem Brot servieren.

Zutaten

Für 4 Personen

300 g Feta aus Ziegenmilch
2 Knoblauchzehen
100 ml Olivenöl extra vergine
2 Zweige Rosmarin
2 Zweige Thymian
2 Lorbeerblätter
50 g frische, gemischte und gehackte Kräuter z. B. Basilikum, Thymian, Petersilie, Oregano und Salbei
500 g reife Eiertomaten
Salz, frisch gemahlener schwarzer Pfeffer

Perlzwiebeln in Sherryessig mit Thymian

1 Die Perlzwiebeln schälen. Das Öl in einem Topf erhitzen und die Perlzwiebeln darin goldgelb braten.

2 Den Sherryessig und 1/4 Liter Wasser dazugießen. Nelke, Chilischote, Thymian, Lorbeerblatt, Pfefferkörner, Salz und Zucker hinzufügen.

3 Die Zwiebeln zugedeckt bei mittlerer Hitze etwa 30 Minuten garen. Im Sud abkühlen lassen.

Tipp
Die Perlzwiebeln schmecken als Tapa, aber auch als Beilage zu gegrilltem Fleisch oder Wild hervorragend.

Zutaten

Für 4 bis 6 Personen

500 g Perlzwiebeln oder Schalotten
6 EL Olivenöl
140 ml Sherryessig
1 Nelke, 1 getrocknete Chilischote
1 TL frische, gehackte Thymiannadeln
1 Lorbeerblatt
1 TL schwarze Pfefferkörner
1 TL Salz, Zucker

Gebackene Küchlein mit Ziegenkäse und Basilikum

Zutaten

Für 6 Personen

Für den Teig
200 g Butter
300 g Mehl
1/4 TL Salz

Für die Füllung
100 g Mozzarella
150 g Ziegenkäse
100 g Ricotta oder anderer Frischkäse
3 EL geriebener Parmesan
2 Eigelb
2 EL gehackte Petersilie
1/2 Bund frische, gehackte Basilikumblätter
2 EL Mehl
3–4 EL Crème fraîche
Salz
frisch gemahlener schwarzer Pfeffer

1 Die Butter in 1 Zentimeter große Würfel zerteilen und diese 1 Stunde kühlen. Das Mehl ebenfalls 1 Stunde kalt stellen.

2 Das Mehl mit dem Salz auf eine Arbeitsfläche sieben. Die Butter mit einem Teigschaber mit dem Mehl vermengen.

3 In der Mitte eine Mulde formen, 40 Milliliter Eiswasser hineingeben und einarbeiten. Nochmals dieselbe Menge Wasser hinzufügen und den Vorgang wiederholen. Den Teig dann zu einer Kugel formen.

4 Den Teig auf einer gut bemehlten Arbeitsfläche zu einem 35 Zentimeter großen Kreis ausrollen. Die Ränder begradigen, den Teig auf ein Backblech legen und in den Kühlschrank stellen.

5 Den Backofen auf 175 °C (Gas Stufe 2–3) vorheizen. In der Zwischenzeit den Mozzarella würfeln und mit den anderen Käsesorten, Eigelben, der Petersilie, dem Basilikum, Mehl und der Crème fraîche gründlich vermengen. Mit Salz und Pfeffer würzen.

6 Den Teig mit der Käsemasse bestreichen, dabei einen 6 Zentimeter breiten Rand lassen und über die Käsemasse schlagen (in der Mitte ist der Käse nicht mit Teig bedeckt).

7 Die Küchlein 35 bis 40 Minuten goldbraun backen. 5 Minuten abkühlen lassen und auf einer Platte anrichten.

Kaltes Auberginengemüse mit Oliven und Pinienkernen

Zutaten

Für 6 Personen

1 kg kleine Auberginen
6 EL Olivenöl extra vergine
2 Zwiebeln
1 Knoblauchzehe
1 kleine rote Paprika
375 g reife Tomaten oder Tomaten aus der Dose
100 g Fenchel oder Staudensellerie
30 g Kapern
6 grüne Oliven
4 EL Rotweinessig
2 EL Zucker
Salz, frisch gemahlener schwarzer Pfeffer
30 g Pinienkerne
4 EL frisch gehacktes Basilikum

Extratipp

Sie können das Gemüse auch konservieren, indem Sie die heiße Mischung in sterilisierte Schraubgläser abfüllen. Die Gläser luftdicht verschließen und 25 Minuten im kochenden Wasserbad erhitzen. Anschließend prüfen, ob die Gläser gut verschlossen sind. So kann es dann bis zu 1 Jahr an einem kühlen Ort gelagert werden.

1 Die Auberginen schälen und das Fruchtfleisch in 1 Zentimeter große Würfel schneiden. In 4 Esslöffeln Olivenöl bei mittlerer Hitze etwa 10 Minuten anbraten, bis sie weich sind und Farbe angenommen haben. In eine Schüssel umfüllen und zur Seite stellen.

2 Die Zwiebeln und den Knoblauch abziehen und klein würfeln. Die Paprika waschen, von Stielansatz und weißen Zwischenwänden befreien und fein hacken. Die Tomaten blanchieren, häuten, entkernen und ebenfalls hacken. Den Fenchel putzen und klein schneiden. Die Kapern abtropfen lassen. Die Oliven entsteinen und vierteln.

3 Das restliche Öl bei mittlerer Hitze erwärmen. Zwiebeln, Fenchel oder Sellerie und gehackte Paprika hineingeben und etwa 5 Minuten garen. Den Knoblauch hinzufügen und 1 Minute mitdünsten. Tomaten, Essig, Zucker und die angebratenen Auberginenwürfel dazugeben und mit Salz und Pfeffer würzen. Das Ganze aufkochen und anschließend bei geöffnetem Topf etwa 10 Minuten bei schwacher Hitze kochen lassen; dabei laufend gut umrühren.

4 Die Kapern und die Oliven untermischen und das Gemüse weitere 15 Minuten garen, bis die Auberginen sehr weich sind. Nochmals abschmecken, die Pinienkerne und das Basilikum unterrühren und erwärmen.

5 Das Auberginengemüse vor dem Servieren auf Zimmertemperatur abkühlen lassen. In einem verschlossenen Behälter ist es im Kühlschrank 2 Wochen haltbar.

Knoblauchgarnelen

1 Die Garnelen aus den Schalen lösen, am Rücken aufschneiden und den Darmfaden entfernen. Kalt abspülen und trockentupfen.

2 Die Chilischoten halbieren, entkernen, waschen, ausspülen und in feine Ringe schneiden. (Getrocknete Chilischoten zerdrücken.) Die Knoblauchzehen abziehen und längs vierteln.

3 Das Olivenöl in einer großen Pfanne oder vier Portionspfännchen stark erhitzen. Chilischoten, Knoblauch und Garnelen hineingeben, leicht salzen und pfeffern und 2 bis 3 Minuten bei starker Hitze garen.

4 Die Knoblauchgarnelen sofort im Förmchen servieren. Dazu frisches Weißbrot reichen.

Tipp
Als Getränk eignet sich ein trockener Sherry Fino oder Manzanilla sehr gut.

Zutaten

Für 4 Personen

500 g rohe Garnelen, ungeschält
2 frische oder getrocknete rote Chilischoten
6–8 Knoblauchzehen
200 ml Olivenöl
Salz, frisch gemahlener schwarzer Pfeffer

Frittierte Zwiebelringe

1 Die Zwiebeln abziehen und in Ringe schneiden. 1 Stunde im Olivenöl an einem kühlen Ort marinieren. Die Buttermilch zugeben und eine weitere Stunde ziehen lassen.

2 Das Mehl mit den Gewürzen vermischen. In einem Frittiertopf das Öl erhitzen.

3 Die Zwiebelringe aus der Marinade nehmen, in einem Sieb abtropfen lassen und in der Mehlmischung wenden.

4 Danach 2 bis 3 Minuten portionsweise im heißen Öl goldbraun frittieren und auf Küchenpapier abtropfen lassen.

Zutaten

Für 6 Personen

2 rote Zwiebeln
4 EL Olivenöl extra vergine
6 EL Buttermilch, 100 g Mehl
2 EL zerstoßener roter Pfeffer
1 TL Cayennepfeffer
2 TL Paprikapulver rosenscharf
4 TL schwarzer Pfeffer
Öl zum Frittieren

Frittata mit Kräutern

Zutaten

Für 4 Personen

6 Eier
gemischte Kräuter wie Kerbel, Schnittlauch, Basilikum oder Estragon und glatte Petersilie
2 EL Sahne
2 EL frisch geriebener Parmesan
1 TL Salz
1/2 TL frisch gemahlener schwarzer Pfeffer
200 g Kürbisfleisch
1 große rote Zwiebel
1 Knoblauchzehe
1 EL Olivenöl extra vergine
1 EL Butter

1 Die Eier in eine Schüssel geben und leicht verquirlen. Die Kräuter abbrausen, abzupfen, hacken und unter die Eimasse geben. Mit der Sahne und dem Käse verrühren und mit Salz und Pfeffer würzen. Das Ganze noch einmal kräftig aufschlagen und zur Seite stellen.

2 Den Backofen auf 150 °C (Gas Stufe 1) vorheizen. Das Kürbisfleisch hacken oder in Stücke schneiden. In etwas Wasser weich dünsten oder in Olivenöl weich garen und im Backofen 10 Minuten ausdünsten lassen.

3 Die Zwiebel und den Knoblauch abziehen und fein würfeln. Das Olivenöl und die Butter bei mittlerer Hitze in einer beschichteten Pfanne mit schwerem Boden von 25 Zentimeter Durchmesser erwärmen. Sobald die Butter nicht mehr schäumt, die Zwiebeln hineingeben und etwa 5 Minuten andünsten, ohne dass sie Farbe annehmen. Den Knoblauch hinzufügen und 1 Minute mitgaren.

4 Das Kürbisfleisch gleichmäßig in der Pfanne verteilen und die Eiermasse darüber gießen. Bei schwacher Hitze garen, bis die Eier am Rand zu stocken beginnen. Dabei nicht umrühren. Das Omelett an den Rändern mit einem Pfannenwender anheben und die Pfanne dabei schräg halten, damit das flüssige Ei nach unten abläuft. Weitergaren, bis die Eiermasse oben fast gestockt ist.

5 Das Omelett auf einen Teller stürzen und die Frittata wieder in die Pfanne gleiten lassen und 1 bis 2 Minuten auf der anderen Seiten garen.

6 Das Omelett wie einen Kuchen aufschneiden und heiß oder lauwarm mit Rucolasalat servieren.

Frittata mit sonnengetrockneten Tomaten und grünem Spargel

1 Den Spargel am unteren Ende abschneiden, in etwas Wasser bissfest garen und klein schneiden. Die geputzten Frühlingszwiebeln in Ringe und die Tomaten in Streifen schneiden.

2 Die Kräuter abzupfen, fein hacken und mit Reis, Spargel, Frühlingszwiebeln und Tomaten gründlich vermischen. Alles bei mittlerer Hitze in einer großen Pfanne im Öl anbraten.

3 Die Eier verschlagen, mit Salz und Pfeffer würzen und in die Pfanne geben. Mehrmals etwas verrühren bis die Eimasse stockt. Den Schafskäse darüber bröseln und die Frittata wenden. Noch kurz auf der ausgeschalteten Herdplatte ziehen lassen.

Tipp

Tomaten können auch selbst getrocknet werden: Von kleinen Eiertomaten (Menge nach Wahl) am Stielansatz einen Deckel abschneiden und aushöhlen. Dann die Tomaten für einen Tag in kaltes Wasser mit Eiswürfeln legen, damit sie ihre rote Farbe behalten. Danach für 3–4 Stunden im Backofen bei 40 °C trocknen. Die Temperatur langsam bis zum Schluss auf 80 °C erhöhen und die Tomaten dabei immer wieder leicht salzen und mit Öl einpinseln. Zum Schluss je nach Geschmack auch pfeffern, dann auskühlen lassen. Damit die Tomaten haltbar bleiben, abschließend noch für einen halben Tag, luftdicht mit Öl bedeckt, ruhen lassen.

Zutaten

Für 6 Personen

8 Stangen grüner Spargel
3 Stängel Frühlingszwiebel
10 getrocknete Tomaten
1/2 Bund Thymian
1/2 Bund Petersilie
4 EL gekochter wilder Reis
1 EL Olivenöl
10 Eier
Salz, frisch gemahlener Pfeffer
100 g Schafskäse

Quesadillas mit Hummer und Mango-Mojo

Zutaten

Für 4 Personen

1 Zwiebel
1 Knoblauchzehe
2 Tomaten
2 Frühlingszwiebeln
3 EL Olivenöl extra vergine
3 gekochte Kartoffeln
60 g geriebener Cheddar

100 g Frischkäse
400 g ausgelöstes Hummerfleisch
(ersatzweise gekochte Riesenkrevetten)
Salz
etwas Chilipulver
8 kleine Maistortillas
1 Eiweiß
2 Mangos
100 ml Limettensaft
2 EL Honig
1/2 Bund Minze
100 g geriebener Käse

1 Die Zwiebel abziehen und würfeln. Die Knoblauchzehe abziehen und durchpressen.

2 Die Tomaten blanchieren, häuten, vierteln entkernen und klein schneiden. Die Frühlingszwiebeln putzen, waschen und in Ringe schneiden. Alles im Olivenöl bei mittlerer Hitze 5 Minuten dünsten.

3 Die Kartoffeln schälen und reiben. Mit Cheddar, Frischkäse und den Zwiebelringen vermischen.

4 Das Hummerfleisch grob hacken, zugeben, mit der Tomaten-Zwiebel-Masse vermischen und mit Salz und Chilipulver würzen.

5 Die Hälfte der Maistortillas mit der vorbereiteten Füllung belegen. Die Ränder mit Eiweiß einstreichen, mit den restlichen Tortillas bedecken und an den Rändern festdrücken. 1 Stunde im Kühlschrank ruhen lassen.

6 Den Backofen auf 180 °C (Gas Stufe 2–3) vorheizen. In der Zwischenzeit die Mangos schälen, das Fruchtfleisch vom Kern schneiden, sehr fein würfeln und mit Limettensaft, Honig und fein geschnittener Minze vermengen.

7 Die mit Käse bestreuten Quesadillas 6 bis 8 Minuten im Backofen überbacken und zusammen mit dem Mango-Mojo servieren.

Salate

Ob nun zur Mittagszeit während der größten Hitze oder abends nach einem herrlichen Sommertag – ein leichter Salat passt immer. Knackig und stets frisch kommt er zu dieser Zeit des Jahres auf den Tisch. Sei es nun fangfrisch aus dem Meer, bei einem Reissalat mit gebratenen Shrimps und Kaiserschoten, mariniertem Krebsfleisch mit Papayasalat oder erntefrisch vom Feld bei einem bunten Romana-Salat, einem Zuckerschotensalat mit Mandel-Orangen-Vinaigrette oder einem Obstsalat mit Gorgonzola an Himbeer-Orangen-Dressing – neben dem Gaumen hat auch das Auge seine helle Freude.

Licht und leicht wie die Salate in diesem Kapitel.

Reissalat mit gebratenen Shrimps und Kaiserschoten

Zutaten

Für 6 bis 8 Personen

1 große Möhre
1 kleine Zwiebel
750 g kleine Shrimps
einige Stängel Petersilie
3 EL Rotweinessig
Salz
125 g weißer Langkornreis
170 g Zuckerschoten oder Erbsen (frisch oder tiefgefroren)
60 g Pinienkerne
125 g gekochter Schinken
4 Frühlingszwiebeln
5 EL Olivenöl extra vergine
Saft von 1 Zitrone
3 EL frisch gehackte Petersilie
frisch geriebene Muskatnuss
frisch gemahlener schwarzer Pfeffer

Extratipp

Die Shrimps sollten auf keinen Fall zu lange gekocht werden, da sonst hart werden.

1 Die Möhre schälen und achteln. Die Zwiebel abziehen und halbieren. Die Shrimps schälen, der Länge nach halbieren und die Darmfäden entfernen.

2 Die Möhre und die Zwiebel mit der Petersilie und dem Essig in einen Topf geben und so viel kaltes Wasser angießen, dass später auch die Shrimps bedeckt sind. Das Wasser aufkochen und 15 Minuten das Gemüse bei schwacher Hitze ziehen lassen. 2 Teelöffel Salz hinzufügen, die Shrimps hineingeben und den Topf zudecken. Bei starker Hitze etwa 1 bis 1 1/2 Minuten garen, bis sich die Shrimps rosa färben. Dann abgießen und zur Seite stellen.

3 In der Zwischenzeit den Reis mit etwas Salz in etwa 12 Minuten bei schwacher Hitze bissfest garen.

4 Die Zuckerschoten oder die Erbsen in kochendem Wasser 1 Minute blanchieren und abtropfen lassen. Die Pinienkerne in einer Pfanne ohne Fett leicht anrösten. Den Schinken in Würfel und die Frühlingszwiebeln mit dem Grün in feine Ringe schneiden.

5 Den Reis abgießen, mit kaltem Wasser abschrecken, abtropfen lassen und in eine Schüssel füllen. Das Olivenöl über den noch warmen Reis gießen und etwas durchmischen. Durch die Wärme entfaltet das Olivenöl sein Aroma besonders gut. Den Zitronensaft hinzufügen und noch einmal gründlich durchmischen.

6 Zum Schluss alle vorbereiteten Zutaten untermengen, mit Petersilie, Muskatnuss, Salz und Pfeffer pikant abschmecken und den Salat lauwarm servieren.

Hähnchensalat mit Paprika, Mais und Koriander

1 Das Öl in einer Pfanne erhitzen. Die Hähnchenbrüste in die Pfanne geben und auf jeder Seite 6 Minuten braten, bis sie schön braun und gar sind. Das Fleisch herausnehmen und in Alufolie eingepackt ruhen lassen.

2 Mit dem Gemüseschäler lange Streifen von den geputzten Möhren herunterschälen und für etwa 30 Minuten in kaltes Wasser legen, bis sie knackig sind. Die Maiskölbchen klein schneiden.

3 Den Spargel schälen, die unteren Enden abschneiden, in 2 Zentimeter lange Stücke schneiden und in kochendem Wasser zusammen mit dem Mais 8 Minuten blanchieren. Abschrecken und abtropfen lassen. Die Zuckerschoten ebenfalls bissfest blanchieren und in Streifen schneiden.

4 Die Paprikaschote vom Stielansatz und den Kernen sowie den Zwischenhäuten befreien, in dünne Ringe schneiden. Die Maiskölbchen abtropfen lassen. Die Zwiebel abziehen und in feine Ringe schneiden.

5 Für das Dressing die Knoblauchzehen abziehen und durchpressen, die Koriander- und Minzeblätter in feine Streifen schneiden und die Chilischoten hacken. Mit Öl, Zitronenschale, Limettensaft, Fischsauce und Zucker gründlich verrühren.

6 Das Fleisch in Scheiben schneiden, mit dem Gemüse und den Sprossen vermischen und unmittelbar vor dem Servieren mit dem Dressing übergießen.

Zutaten

Für 6 Personen

2 EL Pflanzenöl
4 Hähnchenbrüste, ohne Knochen und Haut
2 Möhren
6 kleine Maiskolben
250 g grüner und weißer Spargel
250 g Zuckerschoten
1 rote Paprika
1 Zwiebel
2 Knoblauchzehen
1/2 Bund Koriander
1 Bund Minze
2 Chilischoten
120 ml Pflanzenöl
1 TL abgeriebene Zitronenschale
80 ml Limettensaft
2 EL thailändische Fischsauce
1 EL Zucker
150 g Sojasprossen

Romana-Salat mit Shrimps, Paprika, Tomaten und Oliven

Zutaten

Für 6 Personen

3 Knoblauchzehen
3–4 EL Rotweinessig
130 ml Olivenöl extra vergine
Salz, frisch gemahlener schwarzer Pfeffer

375 g kleine Kartoffeln
375 g grüne Bohnen
1 Zwiebel
1 rote Paprika
1 gelbe Paprika
4 Tomaten
2 Eier
1 mittelgroßer Kopf Romana-Salat
300 g Shrimps in Kräutermarinade
100 g gemischte Oliven
3 EL gemischte Kräuter, z. B. Thymian, Petersilie, Basilikum, Kerbel, Estragon und Schnittlauch

1 Den Knoblauch abziehen, fein hacken, in einer Schüssel mit dem Essig vermischen und nach und nach 100 ml Olivenöl unterrühren. Mit Salz und Pfeffer würzen und die Sauce zur Seite stellen.

2 Die Kartoffeln 10 bis 15 Minuten in Salzwasser garen, abgießen und abkühlen lassen. Anschließend schälen und in dünne Scheiben schneiden. Die Bohnen abfädeln und 4 bis 6 Minuten in Salzwasser garen. Unter fließendem kaltem Wasser abschrecken und in mundgerechte Stücke für den Salat zerteilen.

3 Die Zwiebel abziehen und in feine Ringe schneiden. Die Paprikaschoten vom Stielansatz befreien, entkernen und ebenfalls in dünne Ringe schneiden. Die Tomaten in Spalten zerteilen und entkernen. Die Eier hart kochen, pellen und vierteln.

4 Den Salat waschen, trockenschleudern und die Blätter in mundgerechte Stücke reißen.

5 Die Salatzutaten in eine große Glasschüssel schichten: zuerst die Salatblätter, dann die Kartoffelscheiben, die Bohnen, die Zwiebel- und Paprikaringe, die Tomaten, die Shrimps, die Oliven und die Eier. Zum Schluss die Kräuter hacken und darüber streuen. Unmittelbar vor dem Servieren die restliche Vinaigrette darüber gießen, noch einmal mit Salz und Pfeffer abschmecken und den Salat ganz vorsichtig durchmischen.

Obstsalat mit Gorgonzola an Himbeer-Orangen-Dressing

Zutaten

Für 2 bis 4 Personen

1 Mango, in Streifen
1 Papaya
2 Nektarinen
1/2 Wassermelone
1/2 Honigmelone, in Kugeln
1 Bund Koriander
frisch gemahlener schwarzer Pfeffer
2 EL Oliven- oder Walnussöl
200 ml frisch gepresster Orangensaft
Saft 1/2 Zitrone
1 EL grobkörniger Senf
150 g Gorgonzola oder anderer milder Blauschimmelkäse
100 g Himbeeren
100 g Heidelbeeren
50 g Walnusskerne

1 Die Früchte schälen, entkernen und das Fruchtfleisch in mundgerechte Stücke schneiden, sofern nichts anderes in der Zutatenliste vermerkt ist.

2 Die Korianderblätter abzupfen, mit den Früchten vermischen und mit Pfeffer würzen.

3 Olivenöl, Orangen- sowie Zitronensaft und Senf verrühren. Das Dressing anschließend über die Früchte gießen.

4 Den zerkrümelten Käse, die Himbeeren, die Heidelbeeren und die Walnüsse darüber streuen und sofort servieren.

Mariniertes Krebsfleisch mit Papayasalat

1 Reisessig, Dashi und Zucker aufkochen. Die Flüssigkeit von der Kochstelle nehmen, abkühlen lassen und den Ingwersaft unterrühren.

2 Papaya, Rettich und Möhre schälen. Die Papaya der Länge nach vierteln und die Kerne herauskratzen. Papaya, Rettich und Möhre mit einer Mandoline oder mit dem Kartoffelschäler in lange, dünne Streifen schneiden.

3 Die Streifen in eine Schüssel geben und mit dem Salz bestreuen. 5 bis 10 Minuten ziehen lassen und dann vorsichtig durchmischen.

4 Die Gemüsestreifen aus der Schüssel nehmen, die Flüssigkeit dabei mit der Hand etwas ausdrücken und das Gemüse zum Abtropfen auf Küchenpapier legen.

5 Die Schüssel trockenreiben, die Gemüsestreifen wieder hineingeben und gründlich mit der Marinade übergießen. Das Gemüse danach 1 Stunde ziehen lassen und dabei gelegentlich durchmischen.

6 Den Salat auf vier Schalen verteilen, das Krebsfleisch darüber verteilen und jeweils mit 1 Esslöffel Marinade beträufeln.

Zutaten

Für 4 Personen

Für die Marinade

3 EL japanischer Reisessig
6 g Dashi (getrocknete Fischflocken, Asialaden)
2 TL feiner Zucker
1/2 TL Ingwersaft (frischer Ingwer durch die Knoblauchpresse gedrückt)

Für den Salat

1 grüne Papaya (ca. 300 g)
1 weißer Rettich (ca. 300 g)
1 große Möhre (ca. 300 g)
1 TL Salz
400 g gekochtes, weißes Krebsfleisch

Shrimp-Fisch-Muschel-Salat

Zutaten

Für 6 Personen

12 große Shrimps
450 g Tintenfische
2 geschuppte Rotbarbenfilets
9 EL Olivenöl extra vergine
Salz, frisch gemahlener schwarzer Pfeffer
20 Miesmuscheln
150 ml trockener Weißwein
2 Stangen Staudensellerie

1/2 Bund glatte Petersilie
1 Limettenblatt
1 kleine rote Chilischote
1 Schalotte
Saft von 1 Limette
250 g gemischte Salatblätter
Balsamico-Essig

1 Die Shrimps schälen, am Rücken der Länge nach aufschneiden, und die Darmfäden entfernen. Die Schalen aufheben. Die Tintenfische säubern, das Fleisch außen rautenförmig einschneiden und die Fangarme in je 4 Stücke zerteilen. Die Rotbarbenfilets in mundgerechte Stücke schneiden.

2 Shrimps, Tintenfische und Filetstücke in einer Schüssel mit 4 Esslöffeln Olivenöl, Salz und Pfeffer vermischen.

3 Die Miesmuscheln abbürsten und die Bärte entfernen. Den Wein in einen ausreichend großen Topf (die Muscheln müssen nebeneinander Platz haben) gießen, die Muscheln dazugeben und aufkochen. Den Topf schütteln, zudecken und die Muscheln etwa 2 Minuten bei starker Hitze kochen, bis sich die Schalen geöffnet haben. Den Topf dabei von Zeit zu Zeit rütteln. Die Muscheln über einem zweiten Topf in ein Sieb abgießen und ungeöffnete Exemplare wegwerfen.

4 In der Zwischenzeit den Sellerie putzen und hacken.

5 Die Schalen und Köpfe der Shrimps, Petersilie, Sellerie und Limettenblatt in die Muschelflüssigkeit geben und aufkochen. Bei schwacher Hitze in 20 Minuten auf etwa 2 bis 3 Esslöffel Flüssigkeit einkochen. Die Sauce durch ein Sieb passieren.

6 Während die Sauce kocht, die Miesmuscheln öffnen. Eine Schalenhälfte abbrechen und wegwerfen, die andere am Fleisch belassen.

7 Die Chilischote und die Schalotte sehr fein würfeln, mit der Hälfte des restlichen Olivenöls und dem Limettensaft in die Sauce geben und mit Salz und Pfeffer würzen.

8 Die Salatblätter waschen und mit dem restlichen Olivenöl, etwas Balsamico-Essig und Pfeffer anmachen.

9 Eine Grillpfanne sehr heiß werden lassen. Shrimps, Tintenfische und Fischstücke kurz darin anbraten, dabei einmal wenden. Die heißen Meeresfrüchte in das Chilidressing geben und gut durchmischen.

10 Die Salatblätter auf Tellern anrichten, die gegrillten Meeresfrüchte darauf verteilen und die Miesmuscheln rundherum anordnen.

Tomatensalat mit geschmortem Fenchel und Oliven

Zutaten

Für 4 Personen

Für den Salat

4 junge Fenchelknollen
2 rote Zwiebeln
4 Eiertomaten
3 EL Olivenöl extra vergine
2 EL Oreganoblätter
Mangold- oder Salatblätter
100 g kleine Oliven

Für das Dressing

1 Knoblauchzehe
3 EL Cidre-Essig
2 TL Dijon-Senf
2 EL Olivenöl extra vergine

1 Den Backofen auf 200 °C (Gas Stufe 3–4) vorheizen. Die Fenchelknollen putzen und in Spalten schneiden. Die Zwiebeln schälen, achteln, die abgebrausten Tomaten halbieren und den Stielansatz entfernen. Das Gemüse in einer Auflaufform verteilen.

2 Das Öl bei schwacher Hitze in einer kleinen Pfanne erhitzen. Den Oregano dazugeben und 3 Minuten mit erhitzen. Das Öl über das Gemüse gießen und die Form für 15 Minuten in den Backofen stellen.

3 Für das Dressing die Knoblauchzehe schälen, zerdrücken und mit dem Essig, dem Senf und dem Öl verrühren.

4 Das Gemüse auf je einem Teller mit einem Bett aus Mangold oder Blattsalat anrichten, die Oliven darüber streuen und das Ganze mit dem Dressing übergießen. Der Salat eignet sich als Vorspeise oder als Beilage zu gegrilltem Fleisch oder Fisch.

Zuckerschotensalat mit Mandel-Orangen-Vinaigrette

Zutaten

Für 4 Personen

500 g Zuckerschoten
Salz
5 EL Mandelblättchen
6–8 Minze- oder Basilikumblätter
frisch gemahlener schwarzer Pfeffer
2 1/2 EL Olivenöl extra vergine
5 EL frisch gepresster Orangensaft

1 Die Zuckerschoten abfädeln und 1 1/2 Minuten in kochendem Salzwasser blanchieren. Danach abgießen, sofort in kaltem Wasser abschrecken und anschließend abtropfen lassen.

2 Die Mandeln in einer Pfanne ohne Fett leicht anrösten. Die Minze- oder die Basilikumblätter in kleine Stücke reißen.

3 Die Zuckerschoten in eine Salatschüssel geben und mit Pfeffer würzen. Mandeln, Öl, Orangensaft und Minze oder Basilikum hinzufügen, alles gut durchmischen und sofort servieren.

Tomaten-Brot-Salat mit Schalotten

1 Das Brot schräg in dünne Scheiben schneiden und diese nochmals halbieren. Im Backofen bei 200 °C (Gas Stufe 3–4) knusprig rösten und mit Salz und etwas Olivenöl beträufeln.

2 Die Tomaten auf der Unterseite kreuzweise einschneiden, vom Stielansatz befreien und kurz in kochendem Wasser blanchieren. Sofort kalt abschrecken, häuten, vierteln und filetieren.

3 Für die Vinaigrette die Schalotten abziehen und in Ringe, die Basilikumblätter in feine Streifen schneiden. Den Knoblauch schälen, in feine Scheibchen schneiden und in etwas Olivenöl goldgelb rösten.

4 Essig, Sonnenblumenöl und 10 Esslöffel Olivenöl zugeben und mit Salz und Pfeffer würzen.

5 Den Kopfsalat putzen, waschen, trockenschleudern und die Blätter auf Tellern auslegen.

6 Die Tomatenfilets mit dem Dressing anmachen, die Brotstücke unterheben, auf dem Salat anrichten und sofort servieren.

Zutaten

Für 4 Personen

1 Baguette
Salz
16 EL Olivenöl
10 Tomaten
2 Schalotten
1 Bund Basilikum
4 Knoblauchzehen
16 EL Rotweinessig
16 EL Sonnenblumenöl
frisch gemahlener schwarzer Pfeffer
1 Kopfsalat

Bohnensalat an leichtem Senfdressing

Zutaten

Für 6 Personen

2 kg frische Flageoletbohnen
1 kleiner Kopf Romana-Salat
3 Zweige frische Minze
Salz
80 g geräucherter Schinken in dünnen Scheiben
2 TL Montarde de Maux
8 EL Olivenöl extra vergine
2 EL Rotweinessig
frisch gemahlener schwarzer Pfeffer

1 Die Bohnenkerne auspalen und die Hülsen wegwerfen. Die Kerne 30 Sekunden in kochendem Wasser blanchieren, abkühlen lassen und anschließend die Häutchen abziehen.

2 Den Salat waschen und die Blätter in feine Streifen schneiden.

3 Die Minzezweige abzupfen und die Stängel aufheben. Die Blätter aufeinander legen und in sehr feine Streifen schneiden. Die Stängel mit einem Messerrücken mehrmals klopfen, damit die Minze ihr volles Aroma entfaltet.

4 1 Liter Salzwasser mit den Minzestängeln aufkochen, die Bohnenkerne hineingeben und 3 Minuten kochen. Abgießen, die Minzestängel entfernen und die Bohnen abkühlen lassen.

5 Den Schinken in feine Streifen schneiden und mit dem Salat, den Minzeblättchen und den Bohnen vermischen.

6 Den Senf mit Olivenöl und Essig verrühren und mit Salz und Pfeffer würzen. Die Vinaigrette über die Bohnenmischung gießen, gut durchmischen und sofort servieren.

Paprikasalat mit Sardinen und Basilikum

Zutaten

Für 6 Personen

3 rote Paprika, 3 gelbe Paprika
1 Stange Lauch, 1 Pfirsich
200 g Sardinen aus der Dose
1 Knoblauchzehe
5 EL Olivenöl
1 TL Rotweinessig
Salz, frisch gemahlener schwarzer Pfeffer
1 Stängel Oregano
30 g kleine schwarze Oliven
20–25 frische Basilikumblätter

1 Paprika schälen, Kerne entfernen und in grobe Streifen schneiden. Lauch putzen, halbieren, waschen und fein schneiden. Pfirsich entkernen und in grobe Spalten teilen.

2 Die Sardinen 10 Minuten in kaltes Wasser legen und anschließend trockentupfen. Den Knoblauch abziehen und durchpressen. 3 Paprikastreifen, Lauch, Pfirsich und Knoblauch in einer Pfanne mit dem Olivenöl scharf anbraten. Mit Essig ablöschen und mit den Sardinen vermengen. Mit Salz und Pfeffer würzen und 1/2 Stunde ziehen lassen.

3 Den Salat anrichten, mit gehacktem Oregano bestreuen und mit Oliven und Basilikumblättern garnieren.

Linsensalat mit Feta und Minze

1 Zuerst 4 Knoblauchzehen abziehen und zerdrücken. Die Linsen verlesen, waschen und mit den Lorbeerblättern, dem zerdrückten Knoblauch und dem Oregano in einen großen Topf geben. 5 Zentimeter hoch mit Wasser bedecken und aufkochen. Die Wärmezufuhr verringern und die Linsen mit dem klein geschnittenen Sellerie im geöffneten Topf 30 Minuten bei schwacher Hitze weich garen; abgießen und abkühlen lassen.

2 Den restlichen Knoblauch abziehen, fein hacken und in einer kleinen Schüssel mit Olivenöl, Essig, Kümmel, Salz und Pfeffer zu einer Vinaigrette verrühren.

3 Die Zwiebel abziehen und in Würfel schneiden. Die Paprikaschote vom Stielansatz befreien, entkernen und fein würfeln. Die Linsen mit Zwiebel- und Paprikawürfeln vermischen. Alle Zutaten mit der Vinaigrette anmachen und mit Pfeffer und 1/2 Teelöffel Salz würzen.

4 Den Salat 20 Minuten ziehen lassen und gegebenenfalls noch einmal mit Salz, Pfeffer und Essig abschmecken.

5 Die Minzeblätter abzupfen, hacken, untermischen und den Salat auf einer Platte anrichten. Den Feta zerkrümeln und mit den Oliven über den Salat streuen.

Zutaten

Für 6 Personen

6 Knoblauchzehen
200 g getrocknete Linsen
3 Lorbeerblätter
1/4 TL getrockneter Oregano
200 g Stangensellerie
6 EL Olivenöl extra vergine
6 EL Rotweinessig
1/2 TL gemahlener Kreuzkümmel
Salz, frisch gemahlener schwarzer Pfeffer
1 kleine rote Zwiebel
1 mittelgroße rote Paprika
1/2 Bund Minze
180 g Feta
18 schwarze Oliven

Suppen & Sandwiches

Wenn die Sonne alles in gleißendes Licht taucht, steht der Sinn mitunter nur nach kleinen schmackhaften Gerichten. Leichte Suppen am Mittag, als Vorspeise am Abend oder delikate Sandwiches für zwischendurch – inspirierende Gaumenfreuden, schnell und relativ unkompliziert, wie eine Tomatensuppe, Hühnersuppe mit Kokos, Koriander und Zitronengras, Sommer-Minestrone oder Sesambrötchen mit Mortadella und Curry-Ananas-Mayonnaise, Baguette-Sandwich mit rohem Schinken.

Auch eine Möhrensuppe mit Kokosnuss und Spinat passt gut in die sommerliche Küche.

Tomatensuppe mit geröstetem Knoblauch und Kräutern

Zutaten

Für 6 Personen

8 Knoblauchzehen
1 kleine Zwiebel
3 EL Olivenöl
750 g Tomaten oder
375 g italienische Dosentomaten
3/4 l Hühnerbrühe
60 g Spaghetti oder Linguine
2 EL gemischte Kräuter, z. B. Petersilie, Thymian, Bohnenkraut, Schnittlauch, Oregano und Majoran
Salz, frisch gemahlener schwarzer Pfeffer
1 EL Rotweinessig
3–4 EL fruchtiger Rotwein (Côtes du Rhône, Zinfandel)

1 Den Knoblauch abziehen und die Zehen halbieren. Die Zwiebel abziehen und fein würfeln. Das Olivenöl in einem Suppentopf erhitzen und Zwiebel und Knoblauch 15 Minuten bei schwacher Hitze darin andünsten.

2 Die Tomaten blanchieren, häuten, vierteln, entkernen und hacken; bzw. Dosentomaten abtropfen lassen und ebenfalls hacken. Zu den Zwiebeln geben, die Hühnerbrühe und 1/4 Liter Wasser angießen und 10 Minuten bei schwacher Hitze und geöffnetem Topf kochen.

3 Die Nudeln in 2,5 Zentimeter lange Stücke brechen, mit den gehackten Kräutern in den Topf geben und die Suppe weitere 10 Minuten kochen.

4 Mit Salz, Pfeffer, Essig und Rotwein abschmecken, noch einmal 2 Minuten bei schwacher Hitze aufkochen lassen und sofort servieren.

Möhrensuppe mit Kokosnuss und Spinat

1 Die Möhren schälen und in 2,5 Zentimeter große Stücke schneiden. Die Zwiebel abziehen und vierteln.

2 Die Möhren mit den Zwiebelvierteln, der Instantbrühe und der ganzen, geschälten Knoblauchzehe in einen Dampfkochtopf geben, leicht salzen und mit Wasser bedecken. Aufkochen lassen und die Möhren bei geringem Druck in etwa 10 Minuten weich garen.

3 Den Knoblauch herausnehmen und die Möhren mit der Kochflüssigkeit in den Mixer geben. Die Mandeln hinzufügen und das Ganze pürieren.

4 Die Suppe wieder auf die Herdplatte stellen und den Limettensaft und den verlesenen, abgebrausten und etwas klein gezupften Spinat hinzufügen. Sollte die Suppe zu dick sein, noch etwas Wasser angießen. Rühren, bis der Spinat zusammengefallen ist, mit Salz und Pfeffer würzen und von der Kochstelle nehmen.

5 Mit einigen Kokosspänen garnieren und sofort servieren.

Zutaten

Für 6 Personen

1 kg Möhren
1 große Zwiebel
1 EL Instantbrühe
1 Knoblauchzehe
Salz
50 g ganze Mandeln
Saft von 1 Limette
250 g Spinat
etwas frisch gemahlener schwarzer Pfeffer
1 Stück frisches Kokosfleisch
(nach Belieben)

Extratipp

Der Sommerspinat sollte nach Möglichkeit noch am selben Tag zubereitet werden, da er schnell zusammenfällt und welk wird. Wenn er dennoch gelagert werden muss, dann waschen, locker in ein Küchentuch einschlagen und im Kühlschrank aufbewahren.

Sommer-Minestrone mit Tomaten

Zutaten

Für 4 Personen

100 g magerer Bauchspeck
1 Bund Petersilie
1 Zweig Rosmarin
2 Lorbeerblätter
1 Zwiebel
1 Stange Lauch
4 EL Olivenöl extra vergine
200 g Brechbohnen
4 Karotten
8 Stengel Bleichsellerie
2 Zucchini
4 Tomaten
Salz, frisch gemahlener schwarzer Pfeffer
1,5 l Fleischbrühe
200 g Reis
200 g Salami
etwas Basilikum
1 Knoblauchzehe
80 g geriebener Parmesan

1 Den Speck in kleine Würfel schneiden und diese zusammen mit etwas Petersilie, Rosmarin, 1 Lorbeerblatt, der in Scheiben geschnittenen Zwiebel und dem ebenfalls klein geschnittenen Lauch in der Hälfte des Öls schmoren lassen.

2 Danach die Petersilie und den Rosmarin herausnehmen und die zuvor geputzen, gesäuberten und in mundgerechte Stücke geschnittenen Gemüsesorten sowie das restliche Olivenöl dazugeben. Alles einige Minuten dünsten lassen.

3 Anschließend die blanchierten, enthäuteten, entkernten und in Stücke geschnittenen-Tomaten zufügen. Alles mit Salz und Pfeffer pikant abschmecken. Mit der Brühe aufgießen und so lange kochen lassen, bis die Bohnen anfangen zu garen. Dann den Reis zugeben und diesen leicht weich kochen.

4 Kurz vor Ende der Garzeit die Suppe mit in Streifen geschnittener Salami, etwas fein gehacktem Basilikum, dem zweiten Lorbeerblatt, der geschälten Knoblauchzehe und etwas Petersilie würzen. Den Topf vom Herd nehmen und die Minestrone ziehen lassen. Zum Schluss die Knoblauchzehe und das Lorbeerblatt entfernen und die Minestrone zusammen mit dem Parmesan servieren.

Extratipp

Die Minestrone schmeckt auch kalt sehr gut. Dazu wird, sobald der Reis fast weich ist, reichlich geriebener Käse in die nicht mehr kochende Suppe gegeben, erkalten lassen und servieren.

Hühnersuppe mit Kokos, Koriander und Zitronengras

Zutaten

Für 4 Personen

2 Zwiebeln
3 Knoblauchzehen
500 g Hähnchenbrust, ohne Knochen und Haut
2 EL Pflanzenöl
1 TL gemahlene Kurkuma
3 Zitronenblätter
1 TL gehackte Chilischote
1 Stängel Zitronengras oder 2 TL frisch abgeriebene, unbehandelte Limettenschale
4 EL Limettensaft
1 l Hühnerbrühe
500 g ungesüßte Kokoscreme
2 EL thailändische Fischsauce oder Sojasauce
1/2 Bund Koriander

1 Die Zwiebeln abziehen und würfeln, den Knoblauch abziehen und durchpressen. Die Hähnchenbrüste in dünne Scheiben schneiden.

2 Das Öl in einem Topf erhitzen. Die Zwiebel und den Knoblauch hineingeben und unter Rühren andünsten, bis die Zwiebelwürfel glasig sind.

3 Die Gewürze, die Chilischote und das gehackte Zitronengras hinzufügen und unter ständigem Rühren braten, bis das Zitronengras weich ist.

4 Limettensaft, Hühnerbrühe, Kokoscreme und Fischsauce dazugeben und alles zusammen aufkochen lassen.

5 Die Hähnchenbrüste in die Suppe legen und 3 Minuten bei schwacher Hitze mitgaren. Das Gericht zum Schluss hübsch mit Korianderblättern verzieren.

Kerbelcremesuppe

1 Die Kartoffeln schälen und würfeln. Die Zwiebel häuten und fein hacken. Die Milch zusammen mit der Gemüsebrühe zum Kochen bringen, Kartoffeln und Zwiebel zufügen und alles 30 Minuten kochen lassen.

2 Anschließend durch ein feines Sieb passieren und die fein gehackten Kerbelblättchen dazugeben. Die Suppe mit Salz, Pfeffer und Zitronensaft fein abschmecken und mit der Crème fraîche verfeinern.

3 Die Kerbelsuppe noch 5 Minuten ziehen lassen. In der Zwischenzeit die Brotwürfelchen in einer beschichteten Pfanne ohne Fettzugabe leicht rösten. Die Suppe zum Schluss mit den Würfelchen bestreuen.

Zutaten

Für 4 Personen

6 kleine Kartoffeln
1 Zwiebel
800 ml Milch
4 TL Gemüsebrühe
250 g Kerbel
Salz, weißer Pfeffer
Saft 1/2 Zitrone (nach Belieben)
4 EL Crème fraîche
Weißbrotwürfelchen

Zucchinisuppe mit Petersilie

1 Die Knoblauchzehen schälen und fein hacken. Die Zucchini säubern und in feine Scheiben schneiden. Beide Zutaten in dem Öl einige Minuten schmoren lassen.

2 In der Zwischenzeit die Petersilie und das Basilikum abbrausen, trockenschütteln und die Blättchen fein hacken. Die Chilischote entkernen und sehr fein hacken.

3 Chili zu den Zucchinischeiben geben und mit der kochenden Gemüsebrühe aufgießen. Weiter kochen, bis die Zucchini weich sind. Zum Schluss die gehackten Kräuter zugeben und mit Salz abschmecken und servieren.

Zutaten

Für 4 Personen

2 Knoblauchzehen
1,5 kg Zucchini
2 EL Olivenöl
1/2 Bund Petersilie
etwas Basilikum
1/2 kleine grüne Chilischote
Salz
1 l Gemüsebrühe

Sandwich mit gegrilltem Thunfisch

Zutaten

Für 4 Personen

360 g frischer Thunfisch
grobes Salz

3 EL Olivenöl extra vergine
2 EL Kapern
2 EL kleine, schwarze Oliven
2 EL abgeriebene Schale einer unbehandelten Zitrone
Salz, frisch gemahlener schwarzer Pfeffer
4 Focaccia-Brote
2 EL Aioli
Rucola oder Brunnenkresse (nach Belieben)

1 Den Thunfisch in vier 2,5 Zentimeter dicke Steaks zerteilen. Dabei die blutigen, zähen Stränge entlang der Mittelgräte entfernen. Das Fleisch mit grobem Salz würzen und mit 1 Esslöffel Olivenöl bestreichen.

2 Die Steaks auf dem Holzkohlegrill auf jeder Seite 1 1/2 Minuten grillen oder in einer Pfanne braten, bis sie außen angebräunt, innen aber noch nicht ganz durch sind. Die Steaks abkühlen lassen; sie garen dann noch etwas nach.

3 Die Kapern mit kaltem Wasser abspülen. Die Oliven entsteinen und hacken. Den Thunfisch vorsichtig mit einer Gabel zerkleinern, mit den Kapern, der Zitronenschale, den Oliven und dem restlichen Olivenöl vermischen und mit Salz und Pfeffer abschmecken.

4 Die Focaccia-Brote im Backofen anrösten, mit Aioli bestreichen und den lauwarmen Thunfisch gleichmäßig darauf verteilen. Nach Belieben mit Rucola oder Brunnenkresse garnieren.

Baguette-Sandwich mit rohem Schinken, Roquefort und Birnen

Zutaten

Für 4 Personen

1 Birne
1 El Zucker, 3 EL Butter
1 Baguette
4 Blätter Eisbergsalat
60 g roher Schinken in Scheiben
40 g Roquefort

1 Die Birne schälen, vierteln und vom Kerngehäuse befreien. In dünne Scheiben schneiden und mit Zucker, etwas Wasser und 1 Esslöffel Butter in einen Topf geben. Die Flüssigkeit bei schwacher Hitze einkochen, bis die Birnenschnitze leicht karamelisiert sind.

2 Das Baguette in 4 Stücke teilen, aufschneiden und beide Seiten mit Butter bestreichen. Den Boden mit Salat und rohem Schinken belegen. Den Roquefort leicht zerbröckeln und zusammen mit den Birnenschnitzen darauf verteilen. Die Brötchendeckel darauf setzen und leicht andrücken.

Sesambrötchen mit Mortadella und Curry-Ananas-Mayonnaise

1 Die Mayonnaise mit dem Orangensaft und dem Curry verrühren. Die Ananashälfte schälen und in dünne Scheiben schneiden.

2 Die Brötchen halbieren und auf beiden Seiten mit der Mayonnaise bestreichen. Die Böden mit dem Salat belegen und die Mortadella und die Ananasscheiben darauf verteilen. Abschließend die Deckel darauf setzen und leicht andrücken.

Tipp
Anstatt mit der Mortadella kann man die Sesambrötchen auch mit Truthahnfleisch belegen.

Zutaten

Für 4 Personen

4 EL Mayonnaise
2 EL Orangensaft
1 TL Curry
1/2 Ananas
4 weiße Brötchen mit Sesam
Lollo Bionda
150 g Mortadella

Bruschetta mit marinierten Artischocken und Majoran

Zutaten

Für 2 Personen

2 Scheiben Bruschetta-Brot
6–8 Artischockenherzen
4 EL Olivenöl extra vergine
Saft von 1 Limette
1 Stängel Majoran
1 Stängel glatte Petersilie
60 g Edamer
Salz, schwarzer Pfeffer aus der Mühle
1 EL Paprikapulver

1 Die Brotscheiben toasten. Die Artischockenherzen in Scheiben schneiden und mit Olivenöl und Limettensaft mischen. Die Kräuter hacken und zugeben.

2 Den Käse in Streifen schneiden, zu den Artischocken geben und mit Salz, Pfeffer und Paprikapulver würzen.

3 Die Brotscheiben mit den marinierten Artischocken belegen und unter dem Grill 3 Minuten überbacken.

Tramezzini mit Hühnchen, Pinienkernen und Sultaninen

Zutaten

Für 3 Personen

50 g Romana
50 g Sultaninen
4 EL Pinienkerne
3 EL Mayonnaise
Salz, frisch gemahlener schwarzer Pfeffer
1 Hähnchenbrust, gekocht
40 g Butter
2 EL Zitronensaft
6 Scheiben Weißbrottoast

1 Den Romana putzen, waschen und in feine Streifen schneiden. Mit Sultaninen, Pinienkernen und Mayonnaise gut vermengen. Mit Salz und Pfeffer würzen.

2 Die Hähnchenbrust in feine Streifen schneiden.

3 Die Butter schaumig rühren und den Zitronensaft gründlich unterziehen.

4 Die Hälfte der Toastbrotscheiben erst mit der Zitronenbutter bestreichen, dann mit dem Romana belegen und das Hühnerfleisch darauflegen. Mit den restlichen Toastbrotscheiben bedecken.

5 Die Brotränder abschneiden und die Sandwiches diagonal teilen.

Clubsandwich mit Tomaten, Ei und gebratenem Speck

Zutaten

Für 1 Person

4 Scheiben Toastbrot
4 Blätter Eisbergsalat
3 EL Mayonnaise
1 Hähnchenbrust, gekocht
2 hart gekochte Eier
1 Tomate
12 Scheiben Salatgurke
1 Scheibe Speck
2 schwarze Oliven
2 grüne Spargelspitzen
1 Stück eingelegte Paprika

1 Die Brotscheiben toasten. Den Salat in feine Streifen schneiden, mit der Mayonnaise mischen und gleichmäßig auf 3 Brotscheiben verteilen.

2 Die Hähnchenbrust schräg in dünne Scheiben schneiden. Eier und Tomate ebenfalls in Scheiben schneiden. Alles gleichmäßig auf den 3 Broten verteilen, die geschälte und in Scheiben geschnittene Gurke ebenfalls.

3 Diese belegten Toasts aufeinander schichten, mit der vierten Scheibe bedecken und leicht zusammendrücken.

4 Den Speck knusprig braten und das Sandwich damit sowie mit Oliven, Spargelspitzen und Paprika hübsch garnieren. Diagonal in 2 Dreiecke schneiden und mit Zahnstochern fixieren.

Coppa-di-Parma-Sandwich mit Lauch

1 Den Lauch gründlich putzen, waschen und danach in feine Ringe schneiden.

2 Im Öl bei schwacher Hitze 5 Minuten dünsten, mit dem Weißwein ablöschen und mit Thymian, Salz und Pfeffer würzen.

3 Das Baguette längs aufschneiden, beide Seiten mit der Butter bestreichen und das Lauchgemüse auf dem Boden verteilen.

4 Die Coppa in feine Scheiben schneiden und auf den Baguetteboden legen.

5 Den Deckel aufsetzen, leicht andrücken und schräg in Portionen teilen.

Zutaten

Für 2 bis 3 Personen

250 g Lauch
1 EL Olivenöl
1 EL Weißwein
getrockneter Thymian
Salz, frisch gemahlener Pfeffer
1 Baguette
40 g Butter
140 g Coppa di Parma

Pasta

Sommer, Sonne und die Küche südlicher Gefilde – eine glückliche Verbindung, die immer wieder für neue und überraschende Kreationen auf dem Tisch sorgt. Exquisite Ideen sind zum Beispiel ein Lamm-Agnolotti mit Minze, Mascarpone und Tomaten oder Papardelle mit Rucola, Pancetta und Shrimps. Darüber hinaus finden sich auf dem Speisezettel aber auch andere Köstlichkeiten wie Fusili mit Artischockenherzen, Pinienkernen und Oliven, Asia-Nudeln mit Ingwer und Mango, Gorgonzola-Ravioli mit Rucola und gerösteten Walnüssen oder Tortelloni mit geräucherter Ente, Honig und Ingwer.

Im Sommerlicht kommen kräftige Farben besonders gut zur Geltung – auch bei Besteck und Geschirr.

Ricotta-Ravioli in Rosmarinbutter

Zutaten

Für 6 Personen

Für den Teig
350 g Weizenmehl
3 Eier
2 EL Milch

Für die Füllung
50 g getrocknete Champignons
1 TL Butter
50 g Rucola
3–4 Spargelspitzen
1 Knoblauchzehe
150 g Ricotta
1 EL Paniermehl
1 1/2 TL frisch geriebener Parmesan
Salz

Für die Rosmarinbutter
1 Schalotte
2–3 Knoblauchzehen
1 großer Zweig Rosmarin
150 g Butter
Saft und Schale von 1/2 unbehandelten Limette

1 Für den Ravioliteig das Mehl auf eine Arbeitsfläche sieben und in der Mitte eine Mulde formen. Die Eier mit 1 Esslöffel Milch verquirlen und in die Mulde gießen. Den Teig 8 Minuten kneten und halbieren. Jede Hälfte zu einer glatten Kugel formen, in Frischhaltefolie einschlagen und 30 Minuten ruhen lassen.

2 Die getrockneten Champignons 1 Stunde in warmem Wasser einweichen, abgießen und abtropfen lassen.

3 1/2 Teelöffel Butter erhitzen und den Rucola kurz darin andünsten, bis er zusammenfällt. Die Pilze hacken und ebenfalls in 1/2 Teelöffel Butter anbraten. Die Spargelspitzen blanchieren und grob hacken. Den Knoblauch abziehen und zerdrücken.

4 Den Ricotta mit Paniermehl, Parmesan und Knoblauch vermengen und in 3 gleiche Portionen aufteilen. Jeweils eine Portion mit den Pilzen, mit dem Rucola und mit dem Spargel vermischen.

5 Die Arbeitsfläche leicht mit Mehl bestäuben und den Teig zu 2 gleich großen Rechtecken möglichst dünn ausrollen.

6 Die Füllungen mit einem Teelöffel abstechen und in regelmäßigen Abständen auf eines der Rechtecke setzen. Die Zwischenräume mit der restlichen Milch bepinseln.

7 Das zweite Rechteck exakt auf das erste auflegen. Den Teig um die Füllungen herum andrücken. Die Ravioli mit einem Teigrad ausschneiden, die Ränder noch einmal fest zusammendrücken.

8 In einem großen Topf Salzwasser zum Kochen bringen. Die Ravioli einzeln hineingleiten lassen, 3 bis 4 Minuten garen und dann mit einem Schaumlöffel herausnehmen.

9 Für die Rosmarinbutter die Schalotte abziehen und sehr fein würfeln, den Knoblauch abziehen und zerdrücken und den Rosmarinzweig abzupfen.

10 Die Butter zerlassen, die Schalotte und den Knoblauch hineingeben und kurz andünsten. Rosmarinblätter, Limettensaft und -schale hinzufügen und einige Sekunden mitbraten. Je 3 Ravioli auf Tellern anrichten, mit der Rosmarinbutter begießen und servieren.

Fusili mit Artischockenherzen, Pinienkernen und Oliven

1 Die Knoblauchzehen abziehen und zerdrücken. Aus Olivenöl (1 Esslöffel zurückbehalten), Knoblauch, Salz, Pfeffer, Tabasco und Essig eine Marinade herstellen. Die Artischocken abtropfen lassen.

2 In der Zwischenzeit die Pinienkerne ohne Fettzugabe in einer beschichteten Pfanne leicht anrösten und die Korianderblätter abzupfen und grob hacken. Die Frühlingszwiebel in Ringe schneiden.

3 In einem großen Topf Salzwasser zum Kochen bringen und das restliche Olivenöl hinzufügen. Die Nudeln hineingeben und einmal umrühren, damit sie nicht zusammenkleben. Die Wärmezufuhr verringern und die Nudeln in 8 bis 10 Minuten bissfest garen.

4 Die Nudeln abgießen, kurz unter fließendem kaltem Wasser abschrecken und in den Topf zurückgeben. Die Oliven, die Artischockenherzen und die Frühlingszwiebel mit der Marinade dazugeben und das Ganze noch einmal kurz erhitzen. Den Topf dabei mehrmals schütteln, damit sich die Zutaten gut vermischen.

5 Zum Schluss die Pinienkerne und den Koriander hinzufügen und abschmecken.

Zutaten

Für 6 Personen

2 Knoblauchzehen
50 ml Olivenöl extra vergine
Salz, frisch gemahlener schwarzer Pfeffer
etwas Tabasco
1 EL Balsamico-Essig
250 g eingelegte Artischocken
100 g Pinienkerne
1 Bund Koriander
1 Frühlingszwiebel
500 g Fusili oder Tagliatelle
250 g grüne Oliven

Lamm-Agnolotti mit Minze, Mascarpone und Tomaten

Zutaten

Für 4 Personen

Für die Nudeln

300 g Mehl
80 g Grieß
3 Eier
2 Eigelb
1 EL Olivenöl extra vergine
Salz

Für die Füllung und die Sauce

300 g Lammrückenfleisch
3 Schalotten
1 Knoblauchzehe
5 EL Olivenöl
6 Tomaten
80 g Mascarpone
2 EL Tomatenmark
4 Blätter Pfefferminze
frisch gemahlener schwarzer Pfeffer
Mehl zum Ausrollen
1 Eiweiß
30 g Butter
Parmesanspäne

1 Mehl, Grieß, Eier, Eigelbe, Öl und etwas Salz vermengen und zu einem elastischen Teig verkneten. Zu einer Kugel formen und 30 Minuten ruhen lassen.

2 Für die Füllung das Fleisch durch die feine Scheibe des Fleischwolfs drehen. Schalotten und Knoblauch abziehen, fein würfeln und in 2 Esslöffeln Olivenöl goldgelb dünsten.

3 2 Tomaten klein schneiden. Mit dem Fleisch zu den Schalotten geben, 5 bis 6 Minuten weiter garen und nochmals fein pürieren. Mit Mascarpone, Tomatenmark und der gehackten Minze mischen. Mit Salz und Pfeffer pikant würzen.

4 Den Teig auf einer bemehlten Arbeitsfläche möglichst dünn ausrollen. Kreise von 8 Zentimeter Durchmesser ausstechen. Jeweils 1 Teelöffel von der Füllung darauf setzen, die Ränder mit Eiweiß bestreichen und die Kreise zu Halbmonden zusammenklappen. Den Rand um die Füllungen gut andrücken.

5 Die restlichen Tomaten auf der Unterseite kreuzweise einschneiden, den Strunk entfernen und die Tomaten 30 Sekunden in kochendem Wasser blanchieren, kalt abschrecken, häuten, halbieren, entkernen und das Fruchtfleisch in Würfel schneiden.

6 Die Agnolotti in siedendem Salzwasser 4 bis 5 Minuten ziehen lassen. Mit einer Schaumkelle aus dem Wasser heben, gut abtropfen lassen und auf Tellern anrichten.

7 Das restliche Olivenöl mit der Butter hellbraun schmelzen und die Tomatenwürfel darin angehen lassen. Mit Salz und grobem Pfeffer würzen und über die Nudeltaschen geben. Nach Belieben mit Parmesan servieren.

Conchiglie mit Ricotta und Tomaten

Zutaten

Für 4 bis 6 Personen

4 Tomaten
6 EL Olivenöl extra vergine
1 Bund Basilikum
Salz
frisch gemahlener schwarzer Pfeffer
100 g Ricotta
400 g Conchiglie (Muschelnudeln)
100 g frisch geriebener Parmesan
Olivenöl extra vergine zum Beträufeln

1 Die Tomaten hacken und in einer großen Schüssel mit dem Olivenöl, den in grobe Stücke gerissenen Basilikumblättern, Salz und Pfeffer vermischen. Mindestens 15 Minuten ziehen lassen und anschließend den Ricotta hinzufügen.

2 Die Nudeln in reichlich gesalzenem Wasser in 10 bis 12 Minuten bissfest garen. Abgießen und mit Tomaten und Ricotta vermischen. Zum Schluss großzügig mit Parmesan bestreuen und mit Olivenöl beträufeln.

Muschelnudeln mit Brokkoli

1 Die Nudeln in reichlich gesalzenem Wasser in 10 bis 12 Minuten bissfest garen.

2 Währenddessen den Brokkoli in kleine Röschen zerteilen und ebenfalls in kochendem Wasser 6 bis 8 Minuten blanchieren.

3 In der Zwischenzeit den Knoblauch abziehen und fein würfeln, die Chilischoten halbieren, entkernen und hacken. Die Sardellen abtropfen lassen.

4 Das Öl in einem großen Topf erhitzen und den Knoblauch mit Sardellen und Chilischoten darin anbraten. Die Nudeln und den Brokkoli abgießen, in den Topf zum Knoblauch geben und weitere 5 Minuten garen. Mit Salz und Pfeffer abschmecken.

5 Mit geriebenem Parmesan oder gerösteter Brotkrume bestreuen und servieren.

Zutaten

Für 4 bis 6 Personen

400 g Orecchiette (Muschelnudeln)
Salz
500 g Brokkoli, 1 Knoblauchzehe
2 rote Chilischoten
50 g Sardellenfilets in Olivenöl (aus der Dose)
6 EL Olivenöl
frisch gemahlener schwarzer Pfeffer
geriebener Parmesan oder in 4 EL Olivenöl geröstete Brotkrume

Papardelle mit Rucola, Pancetta und Shrimps

1 Die Knoblauchzehe abziehen und hacken. Den Pancetta fein würfeln. Die Shrimps schälen, am Rücken aufschneiden, vom Darmfaden befreien und zerkleinern. Die Tomaten in Würfel schneiden und den Rucola grob hacken.

2 Das Öl in einer Pfanne erhitzen und den Knoblauch goldbraun andünsten. Speck und Shrimps zugeben, mit dem Wein ablöschen und die Tomaten hinzufügen. Mit Salz würzen und das Ganze etwa 6 Minuten garen. Kurz vor Ende der Garzeit den Rucola unterheben.

3 Die Nudeln in reichlich kochendem Salzwasser bissfest garen, abgießen und mit der Sauce vermischen. Mit frisch gemahlenem schwarzem Pfeffer bestreuen und sofort servieren.

Zutaten

Für 4 bis 6 Personen

1 Knoblauchzehe
200 g Pancetta oder geräucherter Frühstücksspeck
25 große, rohe Shrimps
200 g Tomaten
100 g Rucola
6 EL Olivenöl
6 EL Weißwein
400 g Pappardelle oder Fettuccine
Salz, frisch gemahlener schwarzer Pfeffer

Asia-Nudeln mit Ingwer und Mango

Zutaten

Für 4 Personen

300 g asiatische Eiernudeln
Salz
6 EL Olivenöl extra vergine
2 kleine Chilischoten
1 Stange Lauch

2 EL Sojasauce
1 TL dunkles Sesamöl
Saft von1 Limette
1 TL Sesamkörner
1 1/2 TL frischer Ingwer
1 Mango
frisch gemahlener schwarzer Pfeffer

1 Die Nudeln in reichlich gesalzenem Wasser mit 3 Esslöffeln Öl bissfest garen. Kalt abschrecken und das Wasser abgießen. Die Chilischoten entkernen und sehr fein würfeln.

2 Den Lauch in feine Streifen schneiden und mit kaltem Wasser gut durchspülen. Im restlichen Olivenöl Chiliwürfel und Lauch andünsten, die Nudeln zugeben und mit Sojasauce, Sesamöl und Limettensaft würzen. Danach die Sesamkörner zufügen.

3 Den Ingwer schälen und fein reiben. Die Mango schälen, in Streifen schneiden und mit dem Ingwer zu den Nudeln geben. Mit Salz und Pfeffer scharf abschmecken und noch heiß servieren.

Tipp
Die Nudeln können auch kalt als Pasta-Salat gegessen werden.

Gorgonzola-Ravioli mit Rucola und gerösteten Walnüssen

Zutaten

Für 4 Personen

Für die Nudeln
250 g Mehl
80 g Grieß
3 Eier
2 Eigelb
1 EL Olivenöl
Salz

Für die Füllung
40 g gehackte Walnüsse
100 g Ricotta oder Magerquark
120 g Gorgonzola
2 Eigelbe
Rucolablätter
20 g geriebener Pecorino
weißer Pfeffer

Zusätzlich
Mehl
1 Eiweiß
4 EL Olivenöl
1/2 Bund Rucola
20 g grob gehackte Walnüsse
30 g geriebener Pecorino
20 g Butter
etwas rosa Pfeffer

1 Mehl, Grieß, Eier, Eigelbe, Öl und etwas Salz vermengen und zu einem elastischen Teig verkneten. Zu einer Kugel formen und 30 Minuten ruhen lassen.

2 Für die Füllung die Walnüsse in einer beschichteten Pfanne ohne Fettzugabe rösten und erkalten lassen. In einer Schüssel Ricotta mit Gorgonzola und Eigelben glatt rühren. Den Rucola hacken, den Pecorino und die Walnüsse beigeben und mit Salz und Pfeffer würzen. Die Füllung zugedeckt 1 Stunde kühl stellen.

3 Den Teig auf bemehlter Arbeitsfläche möglichst dünn ausrollen und in 2 gleich große Teigflächen teilen. Auf eine der Flächen in ausreichendem Abstand teelöffelweise die Füllung verteilen. Rundum mit Eiweiß bestreichen und mit der zweiten Teigfläche bedecken. Den Rand um die Füllungen gut andrücken und mit Hilfe eines runden Ausstechers Ravioli ausschneiden.

4 Die Nudeltaschen in siedendem Salzwasser 4 bis 5 Minuten ziehen lassen. Mit einer Schaumkelle aus dem Wasser heben, gut abtropfen lassen und auf Tellern anrichten.

5 Das Olivenöl erhitzen und den geputzten Rucola darin andünsten. Mit Salz und Pfeffer würzen. Die Walnüsse leicht rösten.

6 Den Rucola auf die Mitte von 4 Tellern anrichten, die heißen Ravioli darauf legen, mit den Walnüssen und dem Pecorino bestreuen. Mit zerlassener Butter beträufeln und mit rosa Pfeffer garnieren.

Lamm-Lasagne mit Minze und Mascarpone

1 Das Fleisch durch die mittlere Scheibe des Fleischwolfs drehen. Zwiebeln und Knoblauch abziehen und fein würfeln. Im Olivenöl andünsten. Das Fleisch zugeben und mitbraten. Mit Rotwein ablöschen, etwas einkochen lassen und Fleischsauce und Pelati zugießen. 25 Minuten bei mittlerer Hitze kochen. Mit Salz und Pfeffer pikant würzen. Danach erkalten lassen, die Minze fein hacken und unter das Fleisch rühren.

2 Für den Sugo Zwiebeln und Knoblauch abziehen, fein würfeln und im Olivenöl andünsten. Die Tomaten zugeben, aufkochen, 20 Minuten garen. Mit Zucker, Salz, Pfeffer, Oregano und Essig würzen.

3 Für die Käsesauce die Butter zerlassen. Das Mehl einrühren, die Milch zugießen, aufkochen und unter ständigem Rühren bei schwacher Hitze 12 Minuten kochen. Die Sahne und den Greyerzer hinzufügen und den Käse schmelzen. Mit Salz, Pfeffer und Muskat würzen.

4 Eine rechteckige Auflaufform mit etwas Butter ausstreichen und lagenweise Teigplatten, Fleischfüllung, Tomatensugo und Käsesauce einfüllen. Die letzte Schicht sollte Käsesauce sein. Zuletzt mit Käse und Butterflocken bestreuen und im auf 200 °C (Gas Stufe 3–4) vorgeheizten Ofen 30 bis 40 Minuten überbacken, bis die Lasagneplatten weich sind.

Zutaten

Für 6 bis 8 Personen

Für die Fleischfüllung
700 g Lammhackfleisch
2 Zwiebeln
5 Knoblauchzehen
100 ml Olivenöl
200 ml Rotwein
300 ml Fleischsauce
300 g Pelati-Tomaten
Salz, frisch gemahlener schwarzer Pfeffer
1 Bund Pfefferminze

Für den Tomatensugo
2 Zwiebeln
4 Knoblauchzehen
50 ml Olivenöl
1 kg Pelati-Tomaten
2 TL Zucker
2 TL fein gehackter Oregano
2 EL Balsamico-Essig

Für die Käsesauce
2 EL Butter
2 EL Mehl
300 ml Milch
100 g Sahne
70 g geriebener Greyerzer
weißer Pfeffer
etwas Muskat

Zusätzlich
3 EL Butter
500 g Lasagneblätter
50 g geriebener Greyerzer

Tortelloni mit geräucherter Ente, Honig und Ingwer

Zutaten

Für 4 Personen

Für die Nudeln

250 g Mehl
80 g Grieß
3 Eier
2 Eigelb
Salz
Olivenöl

Für die Füllung

2 geräucherte Entenbrüstchen
100 g Ricotta (Magerquark)
5 TL Honig
1 Eigelb
2–3 TL gehackter Ingwer
frisch gemahlener schwarzer Pfeffer

Zusätzlich

4 EL Mehl, 1 Eiweiß
2 Stangen Lauch
20 g Butter
1 TL Sesamöl
2 EL Olivenöl
250 g Sahne
300 ml Orangensaft
Orangenfilets von 3 Orangen
Sesamkörner zum Garnieren

1 Mehl, Grieß, Eier, Eigelbe, etwas Salz und Öl vermengen und zu einem elastischen Teig verkneten. Zu einer Kugel formen und 30 Minuten ruhen lassen.

2 Die Entenbrüste sehr fein schneiden, mit Ricotta, Honig, Eigelb und Ingwer in eine Schüssel geben, gut vermengen und mit Salz und Pfeffer würzen.

3 Den Teig auf einer bemehlten Arbeitsfläche möglichst dünn ausrollen. Kreise von 8 Zentimeter Durchmesser ausstechen. Jeweils 1 Teelöffel von der Füllung darauf setzen, die Ränder mit Eiweiß bestreichen und die Kreise zu Halbmonden zusammenklappen. Den Rand um die Füllungen gut andrücken. Nun die Spitzen der Halbkreise zusammenführen, andrücken und auf diese Weise die Tortelloni formen.

4 Den Lauch vierteln, putzen, in Streifen schneiden und in Butter, Sesam- und Olivenöl andünsten. Sahne und Orangensaft zugeben und aufkochen. Mit Salz und Pfeffer würzen, etwas einreduzieren lassen und abbinden. Kurz vor dem Servieren die Orangenfilets zugeben.

5 Die Tortelloni in siedendem Salzwasser 4 bis 5 Minuten ziehen lassen. Mit einer Schaumkelle aus dem Wasser heben und gut abtropfen lassen.

6 Die Tortelloni auf Tellern anrichten und mit Orangen-Sesam-Sauce übergießen. Zum Schluss noch mit Sesam bestreuen.

Fisch & Krustentiere

Das Meer – erfrischend, belebend und eine Offenbarung für den Gaumen! Wenn der Duft von pikant sautierten Shrimps, einer mediterranen Fischpfanne mit Tomaten und Knoblauch, Seewolffilets mit Orangen und Artischocken oder von Thunfischmedaillons in Sesamkruste in der Luft liegt, dann schwebt auch gleichsam eine frische Seebrise durch die Räume. Und wenn dazu im Glas ein Weißwein facettenreich funkelt, scheint sich der Horizont weit für kulinarische Genüsse zu öffnen.

Sommerlich leicht – die mediterrane Fischpfanne mit Tomaten und Knoblauch

Gegrillter Thunfisch mit Olivendressing

Zutaten

Für 4 Personen

800 g frischer Thunfisch
3 Knoblauchzehen
Schale von 1 unbehandelten Zitrone
8 EL Olivenöl
Salz, frisch gemahlener schwarzer Pfeffer
4 Sardellenfilets (nach Belieben)
100 g Oliven
1 Bund Petersilie
2 EL Weißweinessig
4 Zitronenspalten
Petersilienblättchen zum Garnieren

1 Den Thunfisch in etwa. 2 Zentimeter große Stücke zerteilen. 2 Knoblauchzehen abziehen und zerdrücken. Die Schale der Zitrone mit dem Gemüseschäler in langen Streifen dünn abschälen, ohne dabei die Frucht zu verletzen.

2 Aus der Zitronenschale, 2 Esslöffeln Olivenöl, Knoblauch, Salz und Pfeffer eine Marinade herstellen und den Thunfisch 2 Stunden oder über Nacht darin ziehen lassen.

3 Die Sardellenfilets 10 Minuten in kaltes Wasser legen, anschließend trockentupfen und mit einer Gabel zerdrücken. Die Oliven entsteinen und fein hacken, den restlichen Knoblauch abziehen und klein würfeln. Die Petersilienblättchen abbrausen, abzupfen und hacken.

Die so vorbereiteten Zutaten mit Weißweinessig, dem Saft einer Zitrone und dem restlichen Olivenöl vermischen. Mit Salz, Pfeffer und gegebenenfalls etwas Zitronensaft abschmecken.

4 Die Thunfischstücke auf Spieße stecken und etwa 5 bis 6 Minuten auf einem Holzkohlegrill rösten, bis das Fleisch durchgegart, aber noch saftig ist. Die Spieße dabei alle 2 Minuten umdrehen.

5 Die Thunfischwürfel von den Spießen ziehen und vorsichtig mit dem Olivendressing vermischen. Mit Zitronenspalten und Petersilienblättchen garnieren und warm servieren.

Gegrillte Miesmuscheln mit Chili-Vinaigrette

1 Für die Vinaigrette Essig mit Zucker aufkochen und wieder abkühlen lassen.

2 Die Chilischoten vom Stielansatz befreien, halbieren, entkernen und in feine Streifen

schneiden. Die Schalotten abziehen und fein hacken. Die Gurke würfeln.

3 Diese Zutaten mit Limettensaft, Fischsauce, Öl und fein gehackten Korianderblättchen in den Essig geben und zu einer Sauce verrühren.

4 Die Muscheln unter fließend kaltem Wasser abbürsten, auf den heißen Rost eines Holzkohlegrills legen, mit einer umgedrehten Pfanne zudecken und etwa 5 bis 6 Minuten garen, bis sich sämtliche Schalen geöffnet haben. Je nach Größe des Grills müssen die Muscheln eventuell in zwei Portionen nacheinander gegart werden.

5 Die Vinaigrette als Dip getrennt zu den Muscheln reichen.

Zutaten

Für 4 Personen

125 ml Branntweinessig
85 g feiner Zucker
1 kleine rote Chilischote
1 kleine grüne Chilischote
2 Schalotten
1 Stück (5 cm) Gurke
2 1/2 EL Limettensaft
2 EL Fischsauce
2 EL Öl
1 EL Korianderblättchen
2 kg Miesmuscheln

Pikant sautierte Shrimps

Zutaten

Für 4 Personen

4 Eiertomaten
450 g rohe Shrimps
2 TL Weizenmehl
Salz, frisch gemahlener schwarzer Pfeffer
2 TL gemahlener Kreuzkümmel
1 TL Paprikapulver edelsüß
150 ml Weißwein
1 Limettenblatt
10 schwarze Pfefferkörner
12 Safranfäden
1 Peperoncino
8 Frühlingszwiebeln
2 Knoblauchzehen
1 Stück (4 cm) Ingwer
6 EL Olivenöl extra vergine
Saft von 1/2 Zitrone

1 Die Tomaten blanchieren und häuten. Das Fruchtfleisch halbieren, entkernen und würfeln.

2 Die Shrimps schälen und die Köpfe abschneiden. Die Köpfe und Schalen aufheben. Am Rücken einschneiden und die Darmfäden entfernen. Mehl, je 1 Teelöffel Salz und Pfeffer, Kümmel und Paprika vermischen und die Shrimps darin wenden.

3 Köpfe und Schalen der Shrimps mit Wein, Tomatenkernen, Limettenblatt und Pfefferkörnern in einem kleinen Topf aufkochen und 15 Minuten bei schwacher Hitze kochen. Die Flüssigkeit durch ein Sieb in einen zweiten Topf passieren, bei starker Hitze auf etwa 4 Esslöffel einkochen lassen. Danach die Safranfäden hineingeben.

4 Den Stielansatz der Peperoncino abschneiden, die Schote halbieren und entkernen. Das Fruchtfleisch in feine Streifen schneiden. Die Frühlingszwiebeln putzen und in Ringe schneiden. Den Knoblauch abziehen und würfeln. Den Ingwer schälen und reiben.

5 Das Olivenöl bei mittlerer Hitze in einer großen, schweren Pfanne erhitzen. Tomatenwürfel, Peperoncino, Frühlingszwiebeln, Knoblauch und Ingwer hineingeben und 1 Minute unter Rühren anbraten.

6 Die Safranbrühe und den Zitronensaft in die Pfanne gießen und umrühren. Die Shrimps dazugeben und etwa 2 Minuten dünsten, bis sie gerade gar sind und eine rosa Farbe angenommen haben. Das Gericht mit Salz und Pfeffer pikant abschmecken.

Extratipp

Wer möchte, kann die Shrimps noch mit Korianderblättchen hübsch garnieren.

Gebratener Steinbutt mit Gurken-Koriander-Salat

Zutaten

Für 4 Personen

4 große Filetstücke vom Steinbutt (à ca. 200 g), ohne Haut
Öl zum Braten

Für die Marinade

400 ml ungesüßte Kokosmilch
8 Kaffernlimettenblätter (Asialaden)
1 Limone, geachtelt
1 rote Chilischote, geputzt und entkernt
1 EL asiatische Fischsauce
2 EL frisch geriebener Ingwer

Für den Salat

1 große Salatgurke
1/8 l Zitronensaft
125 g sehr feiner Zucker
1/2 TL Salz
250 g frische Korianderblätter

1 Den Backofen auf 200 °C (Gas Stufe 3–4) vorheizen. Die Marinadenzutaten 1 Minute im Mixer pürieren. Den Fisch in eine Schüssel (kein Metall) legen, mit der Marinade übergießen und mindestens 12 Stunden im Kühlschrank ziehen lassen. Dabei gelegentlich wenden.

2 Die Gurke schälen, halbieren, die Kerne entfernen, in feine Streifen hobeln (oder in dünne Halbringe schneiden). In einer Schüssel (kein Metall) mit dem Zitronensaft, dem Zucker und dem Salz vermischen und in den Kühlschrank stellen.

3 Einige Esslöffel Öl in eine flache, feuerfeste Form geben und die Form im Ofen erhitzen. Den Fisch mit der Marinade hineingeben – dabei darauf achten, dass er nicht zerfällt – und 4 bis 8 Minuten (die Garzeit hängt von der Dicke des Filets ab) im Ofen garen.

4 In der Zwischenzeit die Flüssigkeit möglichst vollständig aus der Gurke herauspressen. Die Gurke mit den Korianderblättern mischen und den Fisch darauf anrichten. Eine sättigende Mahlzeit erhalten Sie, wenn Sie dazu noch gekochten Vollkornreis reichen.

Mediterrane Fischpfanne mit Tomaten und Knoblauch

1 Den Kabeljau abbrausen, mit einem Küchenpapier trockentupfen und in mundgerechte Stücke zerteilen. Die Tintenfische putzen und in feine Scheiben schneiden. Die Scampi abspülen und abtropfen lassen. Die Muscheln abbürsten, die Barthaare entfernen und abtropfen lassen.

2 Die Zwiebeln schälen und in kleinere Würfel schneiden. Das Öl in einer Pfanne erhitzen und die Zwiebelwürfel darin anrösten. Die Meeresfrüchte zugeben und alles etwa 10 Minuten braten, bis sich die Muscheln geöffnet haben.

3 Die Petersilie abbrausen, trockenschütteln, die Blättchen abzupfen und fein hacken. Den Knoblauch schälen und durch die Presse drücken. Die Tomaten blanchieren, häuten, entkernen und das Fruchtfleisch in Würfel schneiden.

4 Petersilie, Knoblauch und Tomatenwürfel zu den Meeresfrüchten geben und mit Salz und Pfeffer pikant abschmecken. Mit dem Weißwein und dem Weinbrand ablöschen.

5 Die Fischpfanne 15 Minuten ziehen lassen und kurz vor dem Anrichten den Limettensaft darüber träufeln.

Zutaten

Für 4 Personen

350 g Kabeljau
350 g Tintenfisch
200 g Scampi
350 g frische Miesmuscheln in der Schale
2 Zwiebeln
5 EL Olivenöl
1/2 Bund Petersilie
2 Knobauchzehen
5 Eiertomaten
Salz, weißer Pfeffer
1/4 l trockener Weißwein
1 EL Weinbrand
Saft von 1/2 Limette

Seewolffilets mit Orangen und Artischocken

Zutaten

Für 4 Personen

400 g Seewolffilets
Salz, frisch gemahlener schwarzer Pfeffer
100 g Staudensellerie
8 junge Artischocken
Saft von 1 Zitrone
4 Blutorangen
10 EL Olivenöl extra vergine

Extratipp

Eine leicht grünliche Orange kann ebenso reif sein wie eine orangefarbene. Denn erst Temperaturen um null Grad verleihen der Frucht ihre orangene Farbe.

1 Die Fischfilets waschen, mit Salz und Pfeffer würzen und 10 Minuten in einem Einsatz über einem großen Topf mit kochendem Wasser dünsten. Abkühlen lassen, häuten und auf eine vorgewärmte Servierplatte legen.

2 Den Sellerie putzen und schräg in etwa 3 Zentimeter große Stücke schneiden.

3 Die Artischocken waschen, die äußeren Blätter entfernen und die Spitzen der inneren Blätter abschneiden. Den Stiel herausbrechen und das Heu herausschaben, so dass nur noch die zarten Herzen übrig bleiben. Die Artischockenherzen 10 Minuten in Zitronen-Salz-Wasser kochen, dann halbieren. Die Orangen schälen und in Spalten zerteilen.

4 Den Fisch mit dem Gemüse und den Orangenspalten belegen. Unmittelbar vor dem Servieren mit Olivenöl und dem restlichen Zitronensaft begießen, mit Salz und Pfeffer würzen und alle Zutaten vorsichtig durchmischen.

Variante
Dieses Rezept eignet sich auch sehr gut für Forellenfilets.

Seeteufelmedaillons auf Basilikum-Kartoffelbrei

1 Für den Kartoffelbrei die Kartoffeln schälen, vierteln und in Salzwasser weich kochen. Das Kochwasser abgießen, die Kartoffeln gut abtropfen lassen und durch eine Kartoffelpresse drücken.

2 Den Backofen auf 160 °C (Gas Stufe 1–2) vorheizen. Milch und 150 Gramm Sahne aufkochen. Das Basilikum mit etwas Milch fein pürieren und zusammen mit der Butter und dem Milch-Sahne-Gemisch zu den Kartoffeln geben. Alles zu einem glatten Brei verrühren und mit Salz würzen.

3 Den Seeteufel mit Salz würzen, im heißen Olivenöl von allen Seiten scharf anbraten und 8 Minuten im Backofen garen. Die Filets in Alufolie einpacken und warm stellen.

4 Den Bratensatz in der Pfanne mit Weißwein, Fischfond und der restlichen Sahne ablöschen, reduzieren lassen und mit der Butter aufmontieren.

5 Den Basilikum-Kartoffelbrei auf die Tellermitte anrichten. Die Seeteufelfilets in Scheiben schneiden, auf dem Püree anrichten und mit der Sauce nappieren.

Zutaten

Für 4 Personen

Für das Püree
700 g Kartoffeln
Salz
120 ml Milch
350 g Sahne
2 Bund Basilikum
30 g Butter

Für den Fisch
600 g Seeteufelfilets
50 ml Olivenöl
100 ml Weißwein
120 ml Fischfond
60 g kalte Butter

Gegrillter Rotbarsch auf grünem Papayasalat

Zutaten

Für 4 Personen

600–800 g Rotbarschfilet

Für die Marinade

4 Frühlingszwiebeln
1 Jalapeño-Chilischote
(oder einfache Chilischote)
1/2 Bund Koriander
2 EL Erdnussöl

2 EL Fischsauce
1 TL Sojasauce

Für den Salat

1 grüne Papaya
1 Möhre
1/2 rote Zwiebel
1 Jalapeño-Chilischote
1 EL Fischsauce
2 EL Reisessig
Saft von 1 Limette
etwas Zucker
1/2 Bund Koriander
2 EL gehackte Erdnüsse

1 Die Frühlingszwieben putzen und in feine Ringe schneiden. Die Chilischote halbieren, entkernen und hacken, die Korianderblätter ebenfalls hacken.

2 Erdnussöl, Fisch- und Sojasauce verrühren und mit Zwiebeln, Chilischote und Koriander vermischen. Eine Hälfte davon als Dip zurückbehalten, in der anderen Hälfte die Fischfilets 30 Minuten marinieren.

3 Für den Salat die Papaya mit Schale fein hobeln und die Möhre schälen und raspeln. Die Zwiebel abziehen und in Scheiben schneiden, die Chilischoten halbieren, entkernen und in feine Streifen schneiden.

4 Die so vorbereiteten Zutaten mit Fischsauce, Reisessig, Limettensaft und Zucker anmachen und mit gehacktem Koriander und den Erdnüssen bestreuen.

5 Die Fischfilets auf jeder Seite in etwa 4 Minuten über einem Holzkohlegrill garen. Vor dem Wenden nochmals gründlich mit der Marinade bestreichen.

6 Den Fisch mit dem Papayasalat portionsweise auf Tellern anrichten. Die zurückbehaltene Sauce getrennt dazureichen.

Goldbrasse mit Oliven und gerösteten Tomaten

Zutaten

Für 4 Personen

12 Eiertomaten
Salz, frisch gemahlener schwarzer Pfeffer
etwas Zucker
250 ml Olivenöl extra vergine
600 g Kartoffeln
3 Knoblauchzehen
6 EL Semmelbrösel
10 Basilikumblätter
1 Goldbrasse (küchenfertig geschuppt), ca. 900 g
20 schwarze Oliven
150 ml Weißwein
Saft von 1 Zitrone

Extratipp

Wirklich fangfrische Fische erkennt man an den leuchtend roten Kiemen. Wenn man sie vor der Zubereitung mit reichlich Zitronensaft beträufelt, mildert dies den Fischgeruch und festigt das Fischfleisch.

1 Die Tomaten waschen, längs halbieren und mit der Schnittfläche nach oben in eine Auflaufform setzen. Mit Salz, Pfeffer und Zucker bestreuen und mit 2 Esslöffeln Olivenöl beträufeln.

2 Im auf 250 °C (Gas Stufe 6) vorgeheizten Ofen 40 Minuten backen.

3 In der Zwischenzeit die Kartoffeln schälen, in 1 Zentimeter dicke Scheiben schneiden und in kochendem Wasser 8 Minuten blanchieren.

4 Die Knoblauchzehen abziehen, durchpressen und mit den Semmelbröseln vermischen.

5 Eine Auflaufform mit Olivenöl ausfetten, mit den Kartoffelscheiben auslegen und diese wieder mit Öl bestreichen. Den Fisch mit Salz und Pfeffer würzen.

6 Die Basilikumblätter in der Mitte platzieren und den Fisch darauflegen. Die Tomaten darum verteilen und die Oliven dazugeben. Mit dem restlichen Olivenöl und dem Weißwein begießen und den Semmelbröseln bestreuen.

7 15 Minuten bei 200 °C (Gas Stufe 3–4) im Ofen backen. Kurz vor dem Servieren mit dem Zitronensaft beträufeln.

Thunfischmedaillons in Sesamkruste

1 Das Eiweiß mit der Hälfte der Sojasauce verschlagen. Eine Seite jedes Thunfischsteaks damit gründlich bestreichen, salzen und pfeffern und mit Sesamsamen bestreuen.

2 Die Chilischote halbieren und entkernen, den Ingwer und die Knoblauchzehen schälen und alles mit 2 Esslöffeln Öl pürieren.

3 Danach 2 Esslöffel Öl erhitzen und die Thunfischsteaks darin mit der Sesamseite nach unten etwa 2 Minuten braten. Wenden und weitere 4 Minuten garen.

4 In der Zwischenzeit den Lauch putzen, waschen und in feine Ringe schneiden. Im restlichen Öl andünsten und das Chilischotenpüree zugeben. Mit dem Limettensaft und der restlichen Sojasauce würzen und 1 Minute kochen.

5 Die Thunfischsteaks portionsweise mit dem Lauch auf Tellern anrichten.

Zutaten

Für 4 Personen

1 Eiweiß
50 ml Sojasauce
4 Thunfischsteaks à 150 g
Salz, frisch gemahlener schwarzer Pfeffer
50 g Sesamsamen
1 rote Chilischote
1 Stück (2,5 cm) Ingwer
2 Knoblauchzehen
6 EL Sonnenblumenöl
2 Stangen Lauch
Saft von 1 Limette

Fleisch & Geflügel

Wenn die Sonne am späten Nachmittag ihre letzten Strahlen zur Erde schickt, glüht sie in der Küche noch ein wenig nach, wenn dort Schmankerl ganz besonderer Art zubereitet werden. Kalbsleber mit Salbei-Zwiebeln, eine marinierte und gegrillte Lammkeule, maurische Fleischspießchen, Hähnchenbrust im Speckmantel, Rumpsteak in Pizzaiola, geschmortes Rinderfilet in Cabernet Sauvignon oder eine Pie mit Hähnchenbrust und Lauch werden sowohl Sie als auch Ihre Gäste begeistern.

Unter einer hübsch verzierten Teigplatte versteckt sich die sahnige Pie mit Hähnchenbrust.

Lammsteaks mit Olivenbutter

Zutaten

Für 4 Personen

1 EL glatte Petersilie
1/2 Knoblauchzehe
75 g schwarze Oliven
120 g weiche Butter
Salz, frisch gemahlener schwarzer Pfeffer
8 Zweige Rosmarin
5 EL Olivenöl extra vergine
3 EL Portwein
4 Lammsteaks aus der Keule à 250 g

1 Die Olivenbutter einige Stunden im Voraus zubereiten. Dazu die Petersilie abbrausen, gründlich trockenschütteln und fein hacken. Den Knoblauch abziehen und durchpressen, die Oliven entsteinen und grob hacken.

2 Die Butter in einer Schüssel schaumig schlagen und Petersilie, Knoblauch und Oliven unterheben. Mit Salz und Pfeffer würzen und noch einmal kräftig durchrühren.

3 Aus Pergamentpapier ein Quadrat von 25 Zentimeter Kantenlänge zurechtschneiden. Die Masse darauf geben, das Papier zusammenrollen und die Enden zusammendrehen. Die Olivenbutter kalt stellen.

4 Die Rosmarinzweige abbrausen, trockenschütteln, die Nadeln abzupfen, diese hacken und mit Öl, Portwein, reichlich grob gemahlenem Pfeffer und etwas Salz in eine Schale geben. Die Steaks in die Marinade legen, die Schale mit Frischhaltefolie abdecken und das Fleisch mehrere Stunden bei Zimmertemperatur in der Marinade ziehen lassen.

5 Die Lammsteaks mit Küchenkrepp trockentupfen, auf den heißen Rost eines Holzkohlegrills legen und auf jeder Seite 5 Minuten grillen. Das Fleisch auf eine Platte geben und noch 5 Minuten nachgaren lassen.

6 Die heißen Steaks mit Scheiben von der Olivenbutterrolle belegen und die Butter etwas zerlaufen lassen.

7 Die Steaks auf vier vorgewärmte Teller verteilen. Dazu passen sehr gut gekochte neue Kartoffeln, die in Olivenöl und etwas Rotweinessig geschwenkt wurden.

Extratipp

Falls Sie Ihr Lammfleisch noch etwas salzen möchten, dies immer erst nach dem Braten machen.

Kalbsleber mit Salbei-Zwiebeln

Zutaten

Für 4 Personen

3 Zwiebeln
2 EL Butter
10 Salbeiblätter
1 EL Olivenöl extra vergine
300 g Kalbsleber
Salz, frisch gemahlener schwarzer Pfeffer

1 Die Zwiebeln schälen und in feine Ringe schneiden. In einer Pfanne 1 Esslöffel Butter schmelzen lassen und die Zwiebelringe darin glasig dünsten. Die Salbeiblätter zugeben und alles bei geringer Hitze in der geschlossenen Pfanne etwas schmoren lassen.

2 Das Olivenöl und die restliche Butter in einer zweiten Pfanne erhitzen und die Leberscheiben ungesalzen darin braten. Kurz vor dem Servieren die Kalbsleber salzen, pfeffern und dann mit den Salbei-Zwiebeln bedeckt servieren. Dazu ein Kartoffelpüree, gedünstete Apfelscheiben und einen grünen Salat reichen.

Sizilianische Rindfleischscheiben

Zutaten

Für 4 Personen

8 Knoblauchzehen
2 Bund Oregano
5–6 EL Olivenöl extra vergine
frisch gemahlener schwarzer Pfeffer
500 g Hüftsteaks vom Rind
Salz

1 Für die Marinade den Knoblauch schälen und fein hacken. Zusammen mit dem abgebrausten und klein geschnittenen Oregano, Olivenöl und Pfeffer gründlich vermischen.

2 Das Rindfleisch in ganz dünne Scheiben schneiden und 24 Stunden in diese Marinade legen. Dazu die Fleischscheiben in einer flachen Terrine auslegen, mit der Marinade bestreichen, eine neue Schicht Fleisch obenauf legen und diese wieder mit der Kräuter-Knoblauch-Mischung bestreichen, so fortfahren, bis alles Fleisch mit der Marinade bedeckt ist.

3 Zum Schluss das Fleisch in einer heißen Pfanne ohne zusätzliches Öl ganz kurz von beiden Seiten braten, dabei salzen und zusammen mit einem Rohkostsalat servieren.

Gegrillte, marinierte Lammkeule

Zutaten

Für 6 Personen

1 kg Lammfleisch aus der Keule, ohne Knochen
Salz
Saft von 1 Limette
200 g Joghurt

1/2 TL gemahlener Koriander
1/2 TL gemahlener Kreuzkümmel
1/2 TL Chilipulver
1/4 TL gemahlener Ingwer
1 TL Paprikapulver
1/4 TL Garam Masala
2 Knoblauchzehen
2 Zweige Thymian

Extratipp

Da der Joghurt beim Grillen verbrennen und eine bittere Kruste bilden könnte, die Joghurtmarinade sorgfältig entfernen.

1 Das Lammfleisch am Vortag mit Salz und Limettensaft einreiben und 2 bis 3 Stunden bei Zimmertemperatur ruhen lassen.

2 Den Joghurt in einer ausreichend großen Schüssel mit den Gewürzen und dem Marsala verrühren. Die Knoblauchzehen abziehen, mit einer flachen Messerklinge zerdrücken und ebenfalls unter den Joghurt mischen.

3 Das Fleisch mit der Joghurtmischung bestreichen und über Nacht marinieren lassen.

4 Am nächsten Tag das Fleisch mit Küchenkrepp abreiben, um die Joghurtmarinade möglichst vollständig zu entfernen. Thymianzweige in die Mitte der Keule legen und einrollen. Mit Küchengarn binden.

5 Das Fleisch auf den heißen Rost eines Holzkohlegrills legen und auf jeder Seite 8 bis 10 Minuten grillen. So bekommt es eine schöne Kruste und ist innen – je nach Geschmack – halb roh bis durchgebraten.

6 Die Lammkeule vor dem Aufschneiden 10 Minuten ruhen lassen und dann in 1 Zentimeter dicke Scheiben schneiden.

7 Die Scheiben auf sechs vorgewärmte Teller verteilen und zusammen mit Tomaten-Zwiebel-Salat servieren.

Hähnchenbrust im Speckmantel

Zutaten

Für 4 Personen

8 dünne Scheiben durchwachsener Speck
1/2 Bund Basilikum
4 Hähnchenbrüste, ohne Haut
frisch gemahlener schwarzer Pfeffer
2 EL Olivenöl extra vergine
30 g Butter
1 kleines Bund Schnittlauch
500 ml Hühnerbrühe
100 g Sahne
Salz

1 Jeweils 2 Scheiben Speck so auf eine Arbeitsfläche legen, dass sie sich etwas überlappen. Einige Basilikumblätter darauf verteilen, die Hähnchenbrüste darauf legen und mit Pfeffer würzen. Den Speck vorsichtig um das Fleisch wickeln und mit Zahnstochern fixieren.

2 Den Backofen auf 220 °C (Gas Stufe 4–5) vorheizen. Das Olivenöl und die Butter in einer Pfanne erhitzen und die Hähnchenbrüste auf beiden Seiten je 4 Minuten anbraten. In einen Bräter legen und 5 Minuten im Ofen weitergaren.

3 In der Zwischenzeit den gesäuberten Schnittlauch in Röllchen schneiden. Die Hühnerbrühe in die Pfanne gießen und bei starker Hitze um die Hälfte einkochen lassen. Dabei den Bratensatz mit einem Kochlöffel vom Boden lösen. Die Pfanne von der Kochstelle nehmen, die Sahne und 2 Esslöffel Schnittlauchröllchen einrühren. Mit Salz und Pfeffer abschmecken und warm stellen.

4 Die Hähnchenbrüste auf vier Tellern verteilen, mit der sahnigen Bratensauce umgießen und mit den restlichen Schnittlauchröllchen bestreuen. Dazu Kartoffelpüree reichen.

Hähnchenkeulen mit Oliven, Knoblauch und Rosmarin

1 Die Zwiebeln abziehen und grob würfeln. Das Olivenöl in einer schweren Kasserolle erhitzen und die Zwiebeln glasig dünsten.

2 Die Hähnchenkeulen dazugeben und mehrmals wenden, damit sie mit Öl überzogen sind.

3 Das Fleisch etwa 10 Minuten braten, bis es rundherum leicht angebräunt ist. Den Wein angießen.

4 Die Wärmezufuhr verringern, den Topf zudecken und die Keulen etwa 30 Minuten schmoren. Das Fleisch sollte zart und saftig sein.

5 In der Zwischenzeit die Rosmarinzweige abbrausen, gründlich trockenschütteln, die Nadeln abzupfen, die Knoblauchzehen abziehen und beides hacken. Die Oliven entsteinen.

6 Etwa 5 Minuten vor Ende der Garzeit des Hähnchens den Deckel abnehmen und die Wärmezufuhr erhöhen.

7 Rosmarin, Knoblauch, Oliven und Essig dazugeben und mit Salz und Pfeffer würzen. Vorsichtig umrühren und das Gericht sehr heiß servieren.

Zutaten

Für 4 Personen

2 Zwiebeln
4 EL Olivenöl
4 Hähnchenkeulen
120 ml Weißwein
2 Zweige Rosmarin
2 Knoblauchzehen
100 g schwarze Oliven
1 EL Rotweinessig
Salz
frisch gemahlener schwarzer Pfeffer

Extratipp

Um die Bekömmlichkeit des Knoblauchs zu erhöhen, kann man ihn vor der Zubereitung in Milch einlegen. In jedem Fall ist er kurz gegart am besten verträglich, d. h., man gibt ihn erst ganz am Schluss – meist durchgepresst – an das Gericht.

Maurische Fleischspießchen

Zutaten

Für 4 Personen

2 Knoblauchzehen
1 TL gemahlener Kreuzkümmel
gemahlener Koriander
etwas Cayennepfeffer
1 EL Paprikapulver edelsüß
Salz, frisch gemahlener schwarzer Pfeffer
5 EL Olivenöl extra vergine
1 EL Zitronensaft
600 g Schweinefilet
8 Schaschlikspieße
1 Bund glatte Petersilie

1 Die Knoblauchzehen abziehen, durchpressen und mit den Gewürzen, Öl und Zitronensaft zu einer Marinade verrühren.

2 Das Fleisch in Faserrichtung in 7 Zentimeter lange, dünne Streifen schneiden. In der Marinade wenden und 2 Stunden zugedeckt kühl stellen.

3 Danach die Fleischstreifen wellenförmig auf die Spieße stecken und auf dem Grillrost von jeder Seite 2 bis 3 Minuten grillen oder in der Pfanne braten.

4 Die Petersilienblätter abzupfen, auf Teller verteilen und die Fleischspieße darauf anrichten.

Saltimbocca alla Romana

Zutaten

Für 4 Personen

8 kleine Kalbsschnitzel
Salz, frisch gemahlener schwarzer Pfeffer
16 große Salbeiblätter
8 Scheiben Parmaschinken
1 EL Mehl
4 EL Pflanzenöl
50 g Butter
1/8 l Weißwein

1 Die Kalbsschnitzel dünn klopfen. Salzen, pfeffern und jeweils 2 Salbeiblätter auf eine Scheibe legen. Danach je eine Scheibe Schinken darauf

legen, andrücken und mit zwei Zahnstochern den Schinken und die Salbeiblätter am Fleisch feststecken.

2 Die Schnitzel leicht mit Mehl bestäuben und dann im sehr heißen Öl von beiden Seiten kurz braun braten.

3 Dann erst die Butter zufügen und mit dem Weißwein aufgießen. Die Sauce leicht einköcheln lassen. Zu den Kalbsschnitzeln Safranreis oder breite Nudeln reichen.

Kalbszunge in Kapernsauce

1 Die Kalbszunge waschen und in einen großen Topf legen. 1 Teelöffel Salz hinzufügen und die Zunge mit kaltem Wasser bedeckt bei mittlerer Hitze 45 Minuten kochen. Aus der Brühe nehmen, kalt abschrecken und häuten.

2 Die Zwiebeln abziehen und in Scheiben schneiden. Tomaten waschen und grob würfeln. Petersilie, Fenchelgrün und Sellerieblätter waschen. Die Hälfte der Blättchen und zarten Stiele der Kräuter und des gesamten Selleriegrüns grob hacken.

3 In einem Schmortopf das Öl bei mittlerer Hitze heiß werden lassen und die Zwiebeln darin glasig dünsten. Die Tomaten unterrühren und kurz mitschmoren. Die Zunge hineingeben und von beiden Seiten anbraten.

4 Die gehackten Kräuter, das Selleriegrün und das Lorbeerblatt dazugeben und mit so viel Zungenbrühe aufgießen, dass alles bedeckt ist. Den Topf schließen und die Zunge etwa 30 Minuten schmoren lassen.

5 Die Zunge aus der Sauce nehmen und warm halten. Das Lorbeerblatt entfernen. Die Sauce durch ein Sieb passieren oder mit einem Mixstab pürieren.

6 Die Speisestärke in etwas Kapernflüssigkeit verrühren, unter die Sauce mischen und aufkochen. Die Kapern hineingeben, alles mit Salz, Pfeffer und Zimt abschmecken.

7 Die Zunge in Scheiben schneiden, auf vorgewärmte Teller verteilen, mit etwas Sauce begießen und mit den restlichen Kräutern garniert servieren. Dazu in Olivenöl gebackene oder in Brühe gekochte Kartoffeln reichen.

Zutaten

Für 4 Personen

1 küchenfertige Kalbszunge von 800 g
Salz
3 Zwiebeln
4 Tomaten
1 Bund glatte Petersilie
4 kleine Zweige Fenchelgrün
3–4 Blätter Selleriegrün
4 EL Olivenöl
1 Lorbeerblatt
2 TL Speisestärke
60 g Kapern
frisch gemahlener schwarzer Pfeffer
etwas gemahlener Zimt

Sahnige Pie mit Hähnchenbrust und Lauch

Zutaten

Für 6 bis 8 Personen

Für die Pie

150 g Rahmkäse
90 g Butter
250 g Mehl
3 Eigelb
1 EL Öl
getrocknete Erbsen zum Blindbacken

Für die Füllung

750 g Hähnchenbrust, ohne Knochen und Haut
2 Stangen Lauch
3 Scheiben Frühstücksspeck
2 Knoblauchzehen
1 EL Pflanzenöl
50 g Butter
2 EL Mehl
125 ml trockener Weißwein
250 ml Milch
3 EL geriebener Cheddar
2 EL geriebener Parmesan
2 TL grobkörniger Senf
1 EL frisch gehackter Thymian
Salz, frisch gemahlener schwarzer Pfeffer

1 Die Pie-Zutaten zu einem glatten Teig kneten, zudecken und 1/2 Stunde kühl ruhen lassen. Den Backofen auf 200 °C (Gas Stufe 3–4) vorheizen. Eine Pie-Form von 25 Zentimeter Durchmesser mit Öl ausfetten. Den Teig halbieren. Eine Hälfte zu einem Kreis ausrollen und den Boden und die Wände der Form damit auskleiden.

2 Den Boden mit Backpapier auslegen, mit Erbsen belegen und 15 Minuten blind backen. Die Erbsen entfernen und den Teig weitere 10 Minuten backen, bis er etwas Farbe hat; abkühlen lassen.

3 Die Hühnerbrüste klein schneiden. Den Lauch waschen und in Ringe schneiden. Den Frühstücksspeck und den abgezogenen Knoblauch hacken. Das Öl in einer Pfanne erhitzen und die Hähnchenbrust unter Rühren darin anbräunen. Das Fleisch herausnehmen, Lauch, Speck und Knoblauch hineingeben und etwa 5 Minuten garen, bis der Lauch weich ist; laufend rühren.

4 Die Butter und das Mehl hinzufügen und 5 Minuten weitergaren. Die Pfanne von der Kochstelle nehmen und nach und nach den Wein und die Milch hineingießen. Die Pfanne auf die Herdplatte zurückstellen und die Mischung aufkochen und eindicken.

5 Den geriebenen Käse, Senf, Thymian und das Fleisch untermischen. Mit Salz und Pfeffer würzen; abkühlen lassen. Die Füllung auf dem Pie-Boden verteilen. Das restliche Eigelb mit 2 Teelöffeln Wasser verquirlen und die Teigränder damit bestreichen.

6 Die zweite Hälfte des Teigs zu einem Kreis ausrollen und auf die Füllung setzen. Die Ränder fest zusammendrücken, überschüssigen Teig abschneiden und Wellen in den Teigrand drücken. Den Deckel mit Eigelb bestreichen, mit Teigblättern verzieren, an zwei Stellen einritzen und die Pie etwa 35 Minuten bei 200 °C (Gas Stufe 3–4) im Ofen backen, bis sie goldbraun ist.

Rumpsteaks in Pizzaiola

Zutaten

Für 4 Personen

Für die Sauce

3 Zwiebeln
3 EL Olivenöl extra vergine
2–3 Knoblauchzehen
1 Dose Pilati-Tomaten
150 g Tomatenmark
1 Lorbeerblatt
1 EL Oregano
1/2 Bund Basilikum
2 TL Zucker
1 EL Salz
frisch gemahlener schwarzer Pfeffer

Für das Fleisch

4 Rumpsteaks
Salz
frisch gemahlener schwarzer Pfeffer
2–3 EL Pflanzenöl

1 Für die Pizzaiola die Zwiebeln schälen und fein hacken. Das Öl in einem großen Topf erhitzen und die Zwiebeln darin glasig dünsten. Den Knoblauch schälen, ebenfalls fein hacken und zu den Zwiebeln geben und alles 2 Minuten weiter dünsten.

2 Die Tomaten im Saft leicht mit einer Gabel zerdrücken und zusammen mit dem Tomatenmark, dem Lorbeerblatt und den gesäuberten und fein gehackten Kräutern zu der Zwiebel-Knoblauch-Mischung geben.

3 Die Sauce aufkochen und etwa 1 Stunde offen einkochen lassen. Mit Zucker, Salz und Pfeffer abschmecken und zum Schluss das Lorbeerblatt entfernen.

4 Die Rumpsteaks salzen und pfeffern und im heißen Öl scharf anbraten. Danach bei kleiner Hitze garen und mit der Sauce bedeckt servieren. Dazu einfach Weißbrot und einen Salat reichen.

Tipp
Die Pizzaiola wird gerne zu Fleisch und Pizzas verwendet. Zu Pastagerichten sollte man die Sauce aber durch ein Sieb passieren.

Geschmortes Rinderfilet in Cabernet Sauvignon

1 Die Knoblauchzehen abziehen und längs in Scheiben schneiden, den Speck in Streifen schneiden. Kleine Schnitte in das Filet in Faserrichtung machen und mit Knoblauch, Speck und abgezupften Rosmarinnadeln spicken.

2 Das Fleisch salzen und pfeffern, in den Parmaschinken wickeln und die Schinkenscheiben mit Küchengarn fixieren.

3 Öl und Butter in einem Bratentopf, der gerade groß genug für das Rinderfilet ist, erhitzen und das Fleisch von allen Seiten leicht anbraten. Herausnehmen und beiseite stellen.

4 Die Zwiebeln abziehen und würfeln. Den Sellerie putzen und in Scheiben schneiden. Beides im Bratentopf andünsten, bis die Zwiebeln glasig sind.

5 Das Fleisch zurück in den Topf geben, mit dem Wein aufgießen und aufkochen. Das Filet mit einem feuchten Blatt Pergamentpapier bedecken und mit leicht geöffnetem Deckel 25 bis 30 Minuten schmoren.

6 Das Filet herausnehmen, die Sauce abschmecken und eventuell mit etwas Rinderbrühe verlängern.

7 Das Fleisch in Scheiben schneiden, auf sechs Tellern anrichten und mit der Sauce übergießen. Zu dem geschmorten Rinderfilet gebratene Polentascheiben reichen.

Zutaten

Für 6 Personen

4 Knoblauchzehen
50 g Speck
1,2 kg Rinderfilet am Stück
1 Bund Rosmarin
Salz, frisch gemahlener schwarzer Pfeffer
200 g Parmaschinken in Scheiben
2 EL Olivenöl extra vergine
4 EL Butter
2 rote Zwiebeln
4 Stangen Staudensellerie
500 ml Cabernet Sauvignon
etwas Rinderbrühe (bei Bedarf)

Extratipp

Sollte das Rinderfilet eine Spitze haben, bitte so zusammenlegen, dass es überall die gleiche Dicke hat, da die Bratzeit nicht nur vom Gewicht, sondern auch von der Bratenhöhe anhängig ist.

Gemüse

Die Gemüsestände auf den Märkten quellen über und scheinen unter ihrer schönen Last fast zusammenzubrechen. Farben in allen nur erdenklichen Schattierungen präsentieren sich dem Auge, und würzige Gerüche lassen das Herz eines jeden Gourmets höher schlagen. Rezept über Rezept bietet sich an: Von einfachen kandierten Möhren à la provençale über Peperonatagemüse mit Thymian und knusprigem Sommerspinat bis hin zu grünem Spargel mit Eiern oder Auberginenauflauf mit Tomaten-Basilikum-Sauce, südlicher Pizza mit roten Paprikaschoten oder Kräuter-Risotto mit gegrilltem Gemüse reicht die Palette.

Ein Kräuter-Risotto mit gegrilltem Gemüse spiegelt die Vielfalt der Sommerküche wider.

Knuspriger Sommerspinat

Zutaten

Für 4 Personen

3 Bund Spinat oder Mangold
Salz
frisch gemahlener schwarzer Pfeffer
35 g Sultaninen oder Rosinen
35 g Korinthen
4 Sardellenfilets
3 Scheiben altbackenes Bauernbrot ohne Rinde
6 Knoblauchzehen
6 EL Olivenöl extra vergine
60 g geröstete Pinienkerne

1 Den Spinat von den Stielen befreien, die Blätter waschen und trocknen. Mit 2 Esslöffeln Wasser in eine Pfanne geben und mit Salz und Pfeffer würzen. Zudecken und den Spinat bei mittlerer Hitze garen, bis er zusammenfällt (je nachdem, ob Spinat oder Mangold verwendet wird, 3 bis 10 Minuten). Die Blätter abtropfen lassen.

2 Die Rosinen und Korinthen mit 1/4 Liter kochendem Wasser übergießen, 15 Minuten ziehen lassen und abgießen. Die Sardellenfilets 10 Minuten in kaltes Wasser legen, trockentupfen. Das Brot in 1 Zentimeter große Würfel schneiden.

3 Von den Knoblauchzehen 4 Stück abziehen und fein hacken. 4 Esslöffel Olivenöl erhitzen, den Knoblauch darin kurz andünsten. Die Brotwürfel zugeben und 10 bis 15 Minuten rösten, bis sie knusprig sind. Zum Schluss mit Salz und Pfeffer würzen.

4 Die verbliebenen Knoblauchzehen abziehen, fein hacken und im restlichen Öl 1 Minute anbraten.

5 Die Sardellenfilets zerdrücken, zum Knoblauch geben und so lange rühren, bis die Sardellen zerfallen sind. Pinienkerne, Rosinen und den Spinat hinzufügen und mit Salz und Pfeffer abschmecken. Die Zutaten gut vermischen und auf einer Platte anrichten. Mit den Croûtons bestreuen und warm servieren.

Kandierte Möhren à la provençale

1 Die Möhren schälen, putzen, halbieren und schräg in 1 Zentimeter dicke Scheiben schneiden. Diese in 3/4 Liter leicht gesalzenem Wasser in etwa 30 Minuten weich garen und anschließend abgießen.

2 In der Zwischenzeit die Knoblauchzehen abziehen und fein hacken.

3 Das Öl bei starker Hitze in einer großen Pfanne erhitzen. Die Möhren hineingeben und unter Rühren leicht anbräunen. Den Zucker einstreuen und die Pfanne schwenken, bis die Karotten damit überzogen sind.

4 Den Knoblauch und die Zitrusschalen dazugeben und weitere 2 Minuten garen. Dabei laufend umrühren.

5 Die Salbeiblätter fein hacken und die Möhren damit bestreuen, dann servieren.

Zutaten

Für 2 Personen

3 große Möhren
Salz
2 Knoblauchzehen
2 EL Erdnussöl
1 EL Zucker
1 Messerspitze abgeriebene Schale von 1 unbehandelten Zitrone
1 Messerspitze abgeriebene Schale von 1 unbehandelten Limette
4–6 Salbeiblätter

Peperonatagemüse mit Thymian

1 Die Paprikaschoten vierteln, entkernen und unter dem Backofengrill rösten, bis die Schale dunkel wird und Blasen wirft. Die Schoten herausnehmen, in einen Plastikbeutel verpacken und 15 Minuten ruhen lassen.

2 In der Zwischenzeit die Knoblauchzehe abziehen und fein hacken.

3 Die Schale der Paprikaschoten mit den Fingern abziehen, die Schoten halbieren und die Stielansätze, die Kerne und die weißen Häutchen entfernen. Das Fruchtfleisch grob hacken.

4 In eine Schüssel geben, Öl, Thymian und Knoblauch hinzufügen, mit Salz und Pfeffer würzen und alles gut durchmischen.

Zutaten

Für 4 Personen

2 gelbe Paprika
2 grüne Paprika
2 rote Paprika
1 große Knoblauchzehe
100 ml Olivenöl extra vergine
1 TL frisch gehackter Thymian
Salz, frisch gemahlener schwarzer Pfeffer

Auberginenauflauf mit Tomaten-Basilikum-Sauce

Zutaten

Für 4 Personen

1 kg Auberginen
Salz
4 Knoblauchzehen
6 EL Olivenöl extra vergine
3 Eier
70 g geriebener Parmesan
frisch gemahlener schwarzer Pfeffer
1 kleine Zwiebel
400 g Pelati-Tomaten
8 Basilikumblätter

EXTRATIPP

Durch das vorherige Salzen der Aubergine werden dem Gemüse nicht nur Bitterstoffe entzogen, sondern zugleich auch verhindert, dass sich das Fruchtfleisch beim Braten zu sehr voll Fett saugt.

1 Aus einigen Auberginen 4 gleich große Scheiben für die Böden der Aufläufe herausschneiden. Die restlichen Auberginen schälen, in Streifen schneiden, in ein Sieb legen und mit Salz bestreuen, um die Bitterstoffe zu entziehen.

2 Die Knoblauchzehen abziehen und durchpressen. Die Hälfte in 4 Esslöffeln Öl bei schwacher Hitze goldgelb andünsten. Die Auberginenstreifen abspülen, abtropfen lassen, dazugeben und weich garen. Aus der Pfanne nehmen und auf Küchenkrepp abtropfen lassen.

3 Die 4 Auberginenscheiben goldbraun braten und ebenfalls auf Küchenkrepp abtropfen lassen.

4 Die Auberginenstreifen mit Eiern und Parmesan pürieren und leicht mit Salz und Pfeffer würzen.

5 Den Backofen auf 180 °C (Gas Stufe 2–3) vorheizen. Das Püree auf kleine, mit Öl ausgefettete Auflaufförmchen verteilen, die Förmchen mit gefetteter Alufolie verschließen, in ein Wasserbad stellen und etwa 1/2 Stunde im Ofen garen.

6 In der Zwischenzeit die Zwiebel abziehen, würfeln und mit dem restlichen Knoblauch in 1 Esslöffel Öl bei schwacher Hitze glasig dünsten. Die Tomaten dazugeben und im geöffneten Topf bei starker Hitze aufkochen, etwas eindicken lassen und mit den Basilikumblättern pürieren. Mit Salz und Pfeffer abschmecken.

7 Die Auberginenaufläufe nach Ende der Garzeit noch 10 Minuten ruhen lassen. Die gebratenen Auberginenscheiben auf vier Tellern verteilen, die Aufläufe auf die Scheiben stürzen und mit etwas Sauce umgießen.

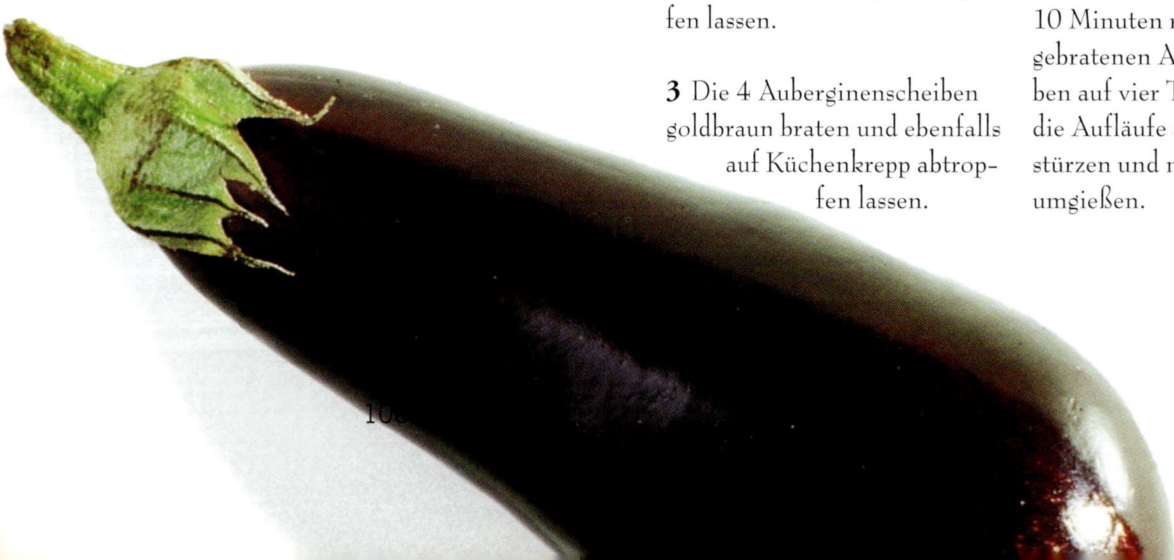

Grüner Spargel mit Eiern

Zutaten

Für 6 Personen

2 kg grüner Spargel
Salz
etwas Zucker
100 g Butter
6 Eier
frisch gemahlener schwarzer Pfeffer
5 EL geriebener Parmesan

1 Den Spargel waschen, die unteren Stangenenden abschneiden und die Spargelstangen in etwas Wasser mit Salz, Zucker und 1 Esslöffel Butter in etwa 10 Minuten weich dünsten.

2 Die Eier bei relativ schwacher Hitze in der Hälfte der

Butter als Spiegeleier braten. Das Eiweiß soll dabei auf keinen Fall knusprig werden.

3 Den abgetropften Spargel auf einer Platte anrichten, mit Salz und Pfeffer würzen und mit Parmesan und der restlichen zerlassenen Butter überziehen. Die heißen Eier darauf legen, so dass der Käse etwas schmilzt, und sofort servieren.

Gegrillter Lauch und Frühlingszwiebeln mit Romesco-Sauce

1 Den Backofen auf 175 °C (Gas Stufe 2–3) vorheizen. Die Tomaten und den Knoblauch in einen Bräter geben

und 1/2 Stunde ohne Fettzugabe im Backofen rösten. Den Knoblauch abziehen, die Tomaten, häuten, entkernen und hacken.

2 Chilischoten und roten Pfeffer mit 200 Milliliter Wasser und 4 Esslöffeln Essig aufkochen. Den Topf zudecken und 10 Minuten bei schwacher Hitze kochen lassen. Die Herdplatte ausschalten, die Gewürze 1/2 Stunde ziehen lassen und abgießen. Die Kerne aus den Chilischoten herauskratzen und das Fruchtfleisch fein hacken.

3 Das Brot würfeln. 2 Esslöffel Öl in einer kleinen Pfanne erhitzen und Brot, Mandeln und Nüsse goldbraun rösten. In eine Küchenmaschine geben und mit Chilischoten, Knoblauchzehen und Tomaten pürieren. Bei laufender Maschine das restliche Olivenöl und den Essig, Paprikapulver, Salz und Pfeffer hinzufügen. Die entstandene Sauce durch ein grobmaschiges Sieb passieren und 2 Stunden ziehen lassen.

4 Den Lauch und die Frühlingszwiebeln putzen und gründlich waschen. Die Butter mit dem Öl verrühren und das Gemüse damit bestreichen.

5 Den Lauch auf den heißen Grill legen und etwa 15 Minuten rösten. Das Gemüse dabei gelegentlich drehen. Sobald der Lauch eine leicht dunkelbraune Farbe angenommen hat, die Frühlingszwiebel dazulegen und in 5 Minuten goldbraun rösten. Das Gemüse in Alufolie einschlagen und 10 Minuten ruhen lassen.

6 Die dunkle Haut von den Lauchstangen abziehen und das Gemüse mit der Romesco-Sauce auf einer Platte hübsch anrichten.

Zutaten

Für 6 Personen

Für die Sauce

3 Tomaten
5 Knoblauchzehen
2 getrocknete rote Chilischoten
1/4 TL roter Pfeffer
6 EL Rotweinessig
1 Scheibe Weißbrot
6 EL Olivenöl
15 geschälte Mandeln
15 Haselnüsse
1 TL Paprikapulver edelsüß
Salz, frisch gemahlener schwarzer Pfeffer

Für das Gemüse

18 kleine Stangen Lauch
18 große Frühlingszwiebeln
2 EL zerlassene Butter
2 EL Olivenöl extra vergine

Extratipp

Die Haselnüsse vor dem Schälen auf ein Backblech streuen, mit Wasser besprühen und 10 bis 15 Minuten bei 160 °C (Gas Stufe 1–2) im Backofen rösten. Etwas abkühlen lassen, in ein Geschirrtuch einschlagen und die Häutchen lösen, indem Sie die Nüsse unter dem Tuch aneinander reiben.

Südliche Pizza mit roten Paprikaschoten

Zutaten

Für 6 Personen

Für den Teig
500 g Mehl und Mehl zum Bearbeiten
40 g Hefe
1/2 TL Zucker

Salz
100 ml lauwarmer Orangensaft
1 Ei

Für den Belag
10 große, rote Paprikaschoten
4 Knoblauchzehen
2 TL Thymian
Salz, frisch gemahlener schwarzer Pfeffer
8 EL Olivenöl extra vergine

1 Das Mehl in eine Schüssel sieben, in die Mitte eine Mulde drücken, die Hefe hineinbröseln und mit 50 Milliliter lauwarmem Wasser, Zucker und etwas Mehl verrühren. Zugedeckt an einem warmen Ort 20 Minuten gehen lassen.

2 Die restlichen Zutaten zum Teig geben und so lange kneten, bis er Blasen wirft. Nochmals 30 Minuten gehen lassen.

3 Den Backofen auf 225 °C (Gas Stufe 4–5) vorheizen. Die Paprikaschoten halbieren, vom Stielansatz befreien, entkernen und waschen. Ein Blech mit Alufolie auslegen, die Schotenhälften mit den Öffnungen nach unten darauf legen und in der Ofenmitte 20 bis 30 Minuten backen. In der Zwischenzeit den Knoblauch abziehen und fein hacken.

4 Die Paprikaschoten aus dem Ofen nehmen. Ein Küchentuch in kaltes Wasser tauchen, auswringen und die Schoten sofort damit bedecken. Nach 5 Minuten die Paprika häuten und in Streifen schneiden.

5 Ein Backblech mit Backpapier auslegen. Den Teig durchkneten und auf einer bemehlten Arbeitsfläche zu mehreren Pizzen ausrollen. Den Teig mit den Paprikastreifen belegen, den Knoblauch und den Thymian gleichmäßig darauf verteilen, mit Salz und Pfeffer würzen und etwa 10 Minuten bei 225 °C (Gas Stufe 4–5) in der Ofenmitte backen. Mit Olivenöl beträufelt je nach Belieben heiß oder kalt servieren.

Gebackene Zwiebeln

Zutaten

Für 4 bis 6 Personen

4–6 weiße oder rote Zwiebeln
Salz
4 EL Olivenöl extra vergine
frisch gemahlener schwarzer Pfeffer
25 g frisch geriebener Parmesan

EXTRATIPP

Zwiebeln, die man am besten in luftdurchlässigen Säckchen oder Beuteln lagert, passen – auf diese Art gebacken – sehr gut zu Grillfleisch.

1 Den Backofen auf 200 °C (Gas Stufe 3–4) vorheizen. Die ungeschälten Zwiebeln einzeln in Alufolie wickeln und in einen mit einer Schicht Salz ausgestreuten (das Salz dient zum Aufsaugen der Flüssigkeit) Bräter setzen.

2 Die Zwiebeln 30 bis 45 Minuten im Ofen weich garen. Herausnehmen und auswickeln. Sobald sie etwas abgekühlt sind, die Wurzelansätze abschneiden und die äußeren Häute entfernen.

3 Ein Backblech mit etwas Olivenöl einstreichen. Die Zwiebeln der Länge nach halbieren und mit der Schnittfläche nach oben auf das Blech legen. Anschließend kräftig mit Salz, Pfeffer und Parmesan bestreuen und mit dem restlichen Olivenöl beträufeln.

4 Die Zwiebeln erneut in den Ofen schieben und noch einmal etwa 15 Minuten backen, bis sie an der Oberseite eine goldbraune Farbe angenommen haben.

Brokkoli mit Knoblauch und Chili

Zutaten

Für 4 Personen

1 kg Brokkoli
1 Chilischote
3 Knoblauchzehen
3 EL Olivenöl
Salz

1 Den Brokkoli waschen, die Strünke entfernen und nur die Röschen und die zarten Blätter zurückbehalten.

2 Die Chilischote vom Stielansatz befreien, halbieren, entkernen und in Streifen schneiden. Die Knoblauchzehen abziehen und würfeln.

3 Das Öl in einer Pfanne oder in einem Wok erhitzen. Die Chilischote und den Knoblauch kurz darin andünsten. Die Brokkoliröschen und -blätter dazugeben und unter Rühren anbraten, bis sie das Öl angenommen haben. Die Pfanne zudecken, das Gemüse bei schwacher Hitze bissfest garen und mit Salz abschmecken.

Gebackene Kartoffeln mit Balsamico

1 Die Kartoffeln schälen, waschen und in 1 Zentimeter dicke Scheiben schneiden.

2 Die Zwiebeln abziehen, erst halbieren, danach vierteln, so dass das Wurzelende die einzelnen Schichten zusammenhält und Schnitze entstehen, die ungefähr die Dicke der Kartoffelscheiben haben.

3 Die Butter in einem Bräter zerlassen, Kartoffeln und Zwiebeln zugeben, vorsichtig wenden, so dass das Gemüse mit Butter überzogen wird, und 10 Minuten andünsten.

4 Den Thymian abbrausen, trockenschütteln, abzupfen, hacken, mit 1 Esslöffel Balsamico zu den Kartoffeln geben. Danach salzen, pfeffern und alles zugedeckt bei 200 °C (Gas Stufe 3–4) 20 Minuten im Ofen backen.

5 Anschließend den Deckel abnehmen, den restlichen Balsamico zufügen und nochmals 20 Minuten backen.

Zutaten

Für 4 Personen

1 kg Kartoffeln
3 rote Zwiebeln
150 g Butter
1 Bund Thymian
3 EL Balsamico-Essig
Salz
frisch gemahlener, schwarzer Pfeffer

Kräuterrisotto mit gegrilltem Gemüse

Zutaten

Für 4 Personen

Für den Risotto
60 g Butter
250 g Arborio-Reis
1/8 l Weißwein
1/4 l heiße Gemüsebrühe

5 EL gemischte gehackte Kräuter, z. B. Schnittlauch, Petersilie, Basilikum, Dill und Kerbel
Parmesanspäne zum Garnieren

Für das Gemüse
1 Möhre
4 Mini-Artischocken
1 Kopf Radicchio
1 Zucchini
4 Stangen junger Lauch
8 Austernpilze
4 Stangen Spargel
Salz
frisch gemahlener schwarzer Pfeffer
etwas Olivenöl extra vergine

1 Die Butter in einem Topf mit schwerem Boden zerlassen und den Reis 2 bis 3 Minuten glasig darin anschwitzen. Dabei darauf achten, dass er keine Farbe annimmt.

2 Den Wein angießen und den Reis aufkochen lassen. Schöpflöffelweise etwas von der heißen Brühe hinzufügen und so lange rühren, bis der Reis die Brühe aufgesogen hat. Hat er die Brühe fast vollständig aufgenommen, erneut heiße Brühe angießen. Den Vorgang etwa 18 Minuten lang wiederholen, bis der Reis bissfest gegart ist.

3 In der Zwischenzeit das Gemüse vorbereiten. Die Möhre schälen, putzen und in 8 Stücke zerteilen. Die Artischocken blanchieren und halbieren. Den Radicchio putzen, vierteln, die Zucchini putzen, in Scheiben schneiden und den Lauch gründlich waschen und der Länge nach halbieren. Die Pilze putzen, den Spargel schälen und die unteren Enden abschneiden. Das Gemüse leicht salzen und pfeffern, dann mit Olivenöl bestreichen und weich grillen.

4 Unmittelbar vor Ende der Garzeit die Kräuter zu dem Reis geben und gut umrühren. Den Risotto vor dem Servieren auf vorgewärmte Teller verteilen, das Gemüse darauf anrichten und das Ganze mit Parmesanspänen garnieren.

Dessert

Wenn an einer festlich gedeckten Tafel sich im leicht flackernden Kerzenlicht gleichsam noch einmal die Sonne des Tages widerspiegelt, findet ein herrlicher Sommertag seinen würdigen Ausklang. Krönender Abschluss eines solchen Sommernachtsdiners könnten zum Beispiel eine Karamelcreme mit Passionsfrucht oder Zitronen-Quark-Crêpes mit Grapefruitkompott, eine geeiste Mandelcreme, eine Heidelbeertarte, ein Mandelkuchen, ein kaltes Rumsoufflé oder einfach auch ein frischer Obstsalat mit Pfirsichen sein.

Ein Schuss Cointreau verleiht dem frischen Obstsalat mit Pfirsicheis seine spezielle Note.

Zitronen-Quark-Crêpes mit Grapefruitkompott

Zutaten

Für 4 Personen

Für den Teig
4 Eier
1/4 l Milch
100 g Mehl
Salz
2 Msp. gemahlener Zimt
1 Msp. Nelkenpulver
2 EL Butter
2 EL Traubenkernöl
3 EL Sonnenblumenöl

Für den Quark
2 Limonen
4 EL Zucker
3 getrennte Eier
3 Blatt Gelatine
250 g Quark

Für das Kompott
4 Grapefruit
1 Päckchen Vanillezucker
1 EL Aprikosenmarmelade
etwas Minze zum Garnieren

1 Die Eier mit der Milch verschlagen. Mehl, Salz, Zimt, Nelkenpulver, zerlassene Butter und Traubenkernöl einrühren und zu einem glatten Teig verarbeiten.

2 Anschließend 1 Limone abreiben, beide Früchte entsaften und mit dem Zucker und den Eigelben in eine Metallschüssel geben. Die Gelatine in kaltem Wasser einweichen. Einen Topf mit wenig Wasser zum Kochen bringen und die Eigelbmischung über Wasserdampf aufschlagen. Gelatine zugeben, auflösen und beiseite stellen.

3 Das Eiweiß steif schlagen, Quark unter die Eigelbmasse rühren und den Eischnee unterheben. Anschließend den Zitronenquark 2 Stunden kalt stellen.

4 In der Zwischenzeit etwas Sonnenblumenöl in einer beschichteten Pfanne erhitzen, ein Sechstel des Teiges hineingeben, mit einer kreisförmigen Bewegung gleichmäßig verlaufen lassen, nach 2 Minuten wenden und auf diese Weise 6 Crêpes backen.

5 Jeden Pfannkuchen zweimal zu einem Viertelkreis zusammenfalten. Grapefruits schälen, filetieren und in einer Pfanne mit Zucker und Aprikosenmarmelade erhitzen. Zitronenquarkcreme in die gefalteten Crêpes füllen, mit Minzeblättern garnieren und mit Grapefruitkompott servieren.

Karamellcreme mit Passionsfrucht

Zutaten

Für 4 Personen

125 g Zucker
3 Eier
1 Eigelb
100 ml Milch
100 g Sahne
7 frische Passionsfrüchte
oder 125 g Fruchtfleisch

1 Die Hälfte des Zuckers mit 3 Esslöffeln Wasser bei mittlerer Hitze in einem kleinen Topf aufkochen und so lange kochen, bis der Sirup beginnt, Farbe anzunehmen. Die Wärmezufuhr dann verringern und den Sirup bei schwacher Hitze weiter kochen, bis er eine dunkle, goldbraune Farbe hat.

2 Knapp 1 Esslöffel Wasser hinzufügen. Dabei vorsichtig zu Werke gehen, da der Karamell aufwallt und spritzt. Die heiße Masse gleichmäßig auf vier kleine Auflaufförmchen verteilen.

3 Den Backofen auf 120 °C (Gas Stufe 1) vorheizen. Die Eier und das Eigelb verquirlen, dann Milch und Sahne unterschlagen. Durch ein Sieb passieren.

4 Das Fruchtfleisch der Passionsfrüchte und den restlichen Zucker hinzufügen, gut vermischen und die Masse in die Auflaufförmchen füllen.

5 Die Förmchen in ein Wasserbad stellen und die Creme 90 Minuten im Ofen garen, bis sie gestockt ist.

6 Im Wasserbad abkühlen lassen und anschließend mindestens 2 Stunden oder über Nacht in den Kühlschrank stellen.

Frischer Obstsalat mit Pfirsicheis

Zutaten

Für 4 Personen

1 Papaya
1 Apfel
1/2 Ananas
2 Bananen
1 Schachtel Brombeeren
2 Nektarinen
1 Kiwi
1/4 Honigmelone
Saft von 1/2 Zitrone
2 Orangen
3 EL Honig
3 cl Cointreau
Pfirsicheis

1 Die Früchte schälen und in mundgerechte Schnitze schneiden. Das Fruchtfleisch der Honigmelone in kleine Stücke schneiden. Alle Fruchtstücke mit dem Zitronensaft beträufeln. Die Orangen schälen und filetieren.

2 In einer großen Schale den Honig mit dem Cointreau verrühren und die Obststücke zufügen. Den Obstsalat in Portionsgläser füllen und abschließend je 1 Kugel Pfirsicheis auf den Salat geben.

Variante

Sollten Sie eine Eismaschine besitzen, können Sie natürlich das Eis auch selbst zubereiten. Dazu 300 Gramm Beeren Ihrer Wahl waschen und zusammen mit 130 Gramm Zucker und 1 Esslöffel Zitronensaft pürieren. Die Masse unter 150 Gramm Sahne und 50 Milliliter Milch rühren und alles in der Eismaschine gefrieren lassen. Dies ergibt etwa 1 Kilo Eis. Selbst zubereitetes Eis jedoch nur ein paar Tage aufheben.

Geeiste Mandelcreme

Zutaten

Für 6 bis 8 Personen

200 g Mandeln
15 Eigelb
150 g feiner Zucker
2 Päckchen Bourbon-Vanillezucker
500 g Sahne
400 ml Milch
2 Eiweiß

1 Die Mandeln unter ständigem Rühren in einer beschichteten Pfanne ohne Fettzugabe goldgelb rösten, abkühlen lassen und sehr fein mahlen.

2 Eigelbe, Zucker Vanillezucker und 100 Gramm kalte Sahne in einen Topf geben und glatt rühren.

3 Milch und restliche Sahne zum Kochen bringen. In einem Schwung die kochende Sahnemischung auf die Eigelbmischung schütten und mit einem Schneebesen schnell verrühren; abkühlen lassen.

4 In eine Schale füllen und im Gefrierfach halbfest gefrieren lassen, dabei gelegentlich durchrühren. Vor dem Servieren das Eiweiß zu steifem Schnee schlagen und unter die Creme ziehen. Mit einer Orangensauce servieren.

Mandelkuchen

Zutaten

Für 8 bis 12 Personen

6 Eier
200 g Puderzucker und Puderzucker zum Bestreuen
2 Päckchen Bourbon-Vanille
abgeriebene Schale von 1 unbehandelten Zitrone
1 TL gemahlener Zimt
1 EL Mehl
1 EL Stärke
1 Messerspitze Backpulver
200 g geschälte Mandeln
Salz
Butter, Öl

1 Die Eier trennen. Die Eigelbe mit dem Puderzucker glatt rühren, Vanillezucker, Zitronenschale und Zimt zugeben, sowie Mehl, Stärke und Backpulver.

2 Die Mandeln sehr fein mahlen und unter die Eigelbmasse rühren. Die Eiweiße mit etwas Salz zu steifem Schnee schlagen und vorsichtig unter die Eigelb-Mandel-Masse heben.

3 Den Backofen auf 180 °C (Gas Stufe 2–3) vorheizen, eine Springform von 26 Zentimeter Durchmesser mit Öl ausfetten. Den Teig in die Springform füllen, die Oberfläche glatt streichen und den Kuchen 50 bis 60 Minuten in der Ofenmitte backen. Mit einem Holzstäbchen prüfen, ob der Kuchen fertig ist – am Stäbchen darf kein Teig mehr kleben. Sonst noch einige Minuten weiter backen.

4 Anschließend den Kuchen auf einem Gitter abkühlen lassen und vor dem Servieren gleichmäßig dick mit Puderzucker bestäuben.

Heidelbeertarte

1 Die Butter in kleine Stücke zerteilen, auf einen Teller geben und etwas weich werden lassen. Das Mehl mit dem Backpulver und dem Zucker in eine Rührschüssel sieben und die Butter mit den Fingern untermengen, bis ein krümeliger Teig entstanden ist.

2 Das Ei verquirlen und unterheben. Den Teig zu einer Kugel formen, in Frischhaltefolie einschlagen und mindestens 30 Minuten in den Kühlschrank legen. Den Backofen auf 180 °C (Gas Stufe 2–3) vorheizen.

3 Den Teig ausrollen, eine Tarteform von 24 Zentimeter Durchmesser damit auskleiden und 20 Minuten ruhen lassen. Mit Backpapier abdecken, mit den Erbsen beschweren und den Boden 10 Minuten blind backen. Aus dem Ofen nehmen, die Erbsen und das Papier entfernen und den Boden zur Seite stellen.

4 Den Zucker mit 150 ml Wasser aufkochen und die Beeren 15 Sekunden darin blanchieren. In ein Sieb abgießen und abtropfen lassen. Den Zuckersirup bei schwacher Hitze erwärmen.

5 Die Eier mit der Sahne und dem Zuckersirup zu einer glatten Creme verrühren. Die Mandeln untermischen. Die Beeren gleichmäßig auf dem Tarteboden verteilen und die Creme darüber gießen.

6 Den Kuchen in den Ofen schieben und 30 Minuten backen, bis die Creme gestockt ist. Die Tarte aus dem Ofen nehmen, etwas abkühlen lassen und anschließend mit Puderzucker bestäuben.

Zutaten

Für 8 Personen

Für den Teig

125 g kalte Butter
250 g Weizenmehl
1/2 TL Backpulver
30 g Puderzucker
1 Ei
getrocknete Erbsen zum Blindbacken

Für den Belag

30 g Zucker
250 g Heidelbeeren
125 ml Zuckersirup
3 große Eier
4 Eigelb
500 g Sahne
100 g gemahlene Mandeln
Puderzucker zum Bestäuben

Kaltes Rumsoufflé

Zutaten

Für 4 Personen

1 Tüte Gelatinepulver
3 Eier
6 EL Zucker
200 g Sahne
4 EL Rum
1/2 Vanilleschote
etwas Salz

1 Das Gelatinepulver in 3 Esslöffeln kaltem Wasser einweichen. Die Eier trennen und die Eigelbe mit 3 Esslöffeln Zucker schaumig schlagen.

2 Die Sahne zusammen mit der Gelatine leicht erwärmen. Dann unter ständigem Rühren die Eigelb-Zucker-Mischung zufügen. Die Creme darf nicht kochen, sollte aber so lange bei kleiner Hitze gerührt werden, bis sie dicklich geworden ist.

3 In einem kleinen Topf den Rum erhitzen, mit einem Streichholz anzünden und ausbrennen lassen. Den Rum und das ausgekratzte Vanillemark unter die Creme ziehen. Diese anschließend in einem Eisbad mit dem Schneebesen durcharbeiten und abkühlen lassen.

4 Das Eiweiß mit dem restlichen Zucker und 1 kleinen Prise Salz steif schlagen und danach vorsichtig unter die Creme heben. Diese in eine Souffléform füllen und mindestens 3 Stunden im Kühlschrank fest werden lassen.

Extratipp

Falls Sie das Rumsoufflé mit Früchten anreichern wollen, denken Sie daran, dass frische Früchte wie Ananas, Kiwi, Mango und Papaya ein eiweißspaltendes Enzym besitzen, das die Gelatine wieder flüssig werden lässt. Die Früchte deshalb vorher blanchieren.

Rezepte von A bis Z

Abkürzungsverzeichnis

cl = Zentiliter
EL = Esslöffel
g = Gramm
l = Liter
ml = Milliliter
TL = Teelöffel

Impressum

Bildnachweis

Alle Bildmotive stammen von Rainer Hofmann, München (Stylist: Jan Reuther, Foodstylist: Tim Landsberg) mit Ausnahme von: Christian Kargl/Ute Schoenenburg, München: 76l., 77, 80 (Freisteller), 81, 82, 84, 85, 86, 87 l., 90, 91, 94r./ Freisteller, 95 Freisteller, 96 Freisteller, 97, 99, 100 l., 101, 104 r./ Freisteller, 105, 106, 107, 108 Freisteller, 109, 113, 114 Freisteller, 115; Studio B., Hamburg: 23 r.. 39 r.; Südwest Verlag, München: 15r., 26l., 48 l., 83r., 92r., 98l., 112, 114 (Frank Heuer), 18, 38, 66, 68, 98, 110, 112, 123 Freisteller (Karl Newedel)

Die Außenaufnahmen wurden in einen der Ferienappartements von »Apartments El Gallo« bei Todoque auf La Palma fotografiert. Kontaktadresse für Buchungen von Appartements über: Interservicios A&K, Franz und Angel, Apartamentos y Construccion, Tel.: 922-463553, E-Mail: interalkem@jet.es, Todoque/Isla La Palma. Besonderen Dank an Herr Franz Wilhelm für seine unentbehrlichen Einsatz und Hilfe bei den Foodaufnahmen.

Geschirr, Besteck, Accessoires

Antipasti
Geschirr: Tipo Blue
Besteck: Orlando poliert
Glas: Nadine Blue/Green
Accessoires: Circolo Blue/Green

Salate
Geschirr: Switch 3 /Cordoba/Castell/Coasta
Besteck: Tao satiniert, Salatbesteck Le Big Blue
Gläser: Nadine blue
Accessoires: Schumanns Eiseimer, Blue Leaves

Suppen & Sandwiches
Geschirr: French Garden/Fleurance/Valence/Vienne/ Orange/Leaf/Cesto, Piemont:/Primavera/Estivo
Besteck: Laur Green
Glas: Sandra Green
Accessoires: French Garden Roanne
Textil: Jardin/Grün

Pasta
Geschirr: Switch 4 Naranja/Navarra/Nazare
Besteck: Play Terra Cotta/Yellow
Glas: Serra
Accessoires: Orange Garden

Fisch & Krustentiere
Geschirr: Twist Bea/Clea/Bea/Anna
Besteck: Laura Azur
Glas: Tosca Blue
Accessoires: Tosca green, Vilbofour Twist
Textil: Mambo mit Rahmenbesatz

Fleisch & Geflügel
Geschirr: Eden/Eve
Besteck: Florence
Glas: Allegorie
Accessoires: Bengali, Pergola, Windlichter

Gemüse
Geschirr: Switch Summerhouse/ A Rose/Acacia/ Arabesco, Rose Garden, Lemon
Besteck: Play Applegreen
Glas: Pavilion
Accessoires: Al For. Switch Summerhouse, Holztabletts
Textil: Switch Summerhouse Daily

Dessert
Geschirr: Twist Alea/Faience/Limone/Verde/Caro
Besteck: Play Two Yellow
Glas: Chalet
Accessoires: Vilbofour Twist Alea, Douro, Helium, Bellissimo Blue
Textil: Twist Alea Gew., Bed.

The House of
Villeroy & Boch
Seit 1748

Redaktion: Cornelia Osterbrauck
Redaktionsleitung: Dr. Reinhard Pietsch
Bildredaktion: Bettina Huber
Umschlag und Layout: Manuela Hutschenreiter
DTP/Satz: Der Buchmacher Arthur Lenner, München
Produktion: Manfred Metzger

Printed in Germany

ISBN 3-517-07864-6